エコアンダリヤの帽子

23番糸で編む ナチュラルカラーの37作品

誠文堂新光社

contents

01 ブリム変形ハット P.6 作り方 ▶ P.52

02 模様ブリムの帽子 P.8 作り方 ▶ P.53

03 パイピングベレー帽 P.10 作り方 ▶ P.54

04 ナチュラルワークキャップ P.12 作り方 ▶ P.56

05.06 中折れ帽 P.14 作り方 ▶ P.57

05　06 kids

07 模様編みのヘアバンド P.15 作り方 ▶ P.60

08 スカラップのカチューシャ P.15 作り方 ▶ P.60

09 ビッグリボンハット P.16 作り方 ▶ P.61

10 5cm ブリム帽 P.18 作り方 ▶ P.62

11 8cm ブリム帽 P.18 作り方 ▶ P.63

12 12cm ブリム帽 P.19 作り方 ▶ P.64

13 ニットボールとビーズのポニーフック P.20 作り方 ▶ P.65

14 デザインビーズと丸モチーフのポニーフック P.20 作り方 ▶ P.65

15 デイジーのポニーフック P.20 作り方 ▶ P.66

16 ヘリンボーン編み（楕円）バレッタ P.20 作り方 ▶ P.66

17 模様編み（四角）バレッタ P.20 作り方 ▶ P.67

本書について

掲載作品はすべてハマナカの糸「エコアンダリヤ」の23番を使用しています。エコアンダリヤは、木材パルプから生まれた天然成分素材（再生繊維・レーヨン）を使用しています。水にぬれると強度が落ちるため、水洗いはできません。作品が汚れた場合は、かたく絞ったタオルなどで拭き取ることをおすすめします。尚、ドライクリーニングは可能です。

エコアンダリヤは、編み進めるうちに編み地がうねることがあります。
その場合は、仕上げにスチームアイロンを2〜3cm離してかけることをおすすめします。

18 くしゅくしゅハット
P.22　作り方 ▶ P.68

28 ボーラーハット
P.34　作り方 ▶ P.80

19 ワイドブリム帽
P.24　作り方 ▶ P.70

29 カンカン帽
P.36　作り方 ▶ P.81

20 フリンジブリムの
リゾート帽
P.26　作り方 ▶ P.72

30 リボン巻きの
とんがり帽子
P.38　作り方 ▶ P.82

21.22 くるみボタンの
ヘアゴム
P.28　作り方 ▶ P.74

31.32 サファリハット
P.40　作り方 ▶ P.84

23.24 カンカン帽の
ヘアゴム
P.28　作り方 ▶ P.75

33 まんまるキャップ
P.42　作り方 ▶ P.86

25 小鳥のヘアピン
P.28　作り方 ▶ P.76

34.35 マリンキャップ
P.44　作り方 ▶ P.88

26 模様編みカンカン帽
P.30　作り方 ▶ P.77

36 チューリップハット
P.46　作り方 ▶ P.91

27 モダンキャスケット
P.32　作り方 ▶ P.78

37 とんがり帽
P.47　作り方 ▶ P.92

主な材料と用具 ──────── P.48
作品レッスン no.18 くしゅくしゅハット ── P.48

How to make（作品の作り方）──────── P.52

※編み目記号表は P.93～95 にあります。

帽子の部位は、下記のように記載しています。

クラウン：トップとサイドを合わせた、被る部分全体
トップ：帽子の天井にあたる部分
サイド：帽子の側面にあたる部分
ブリム、ツバ：帽子の日除け部分

帽子のサイズ（頭まわり）は内寸で大人約58cm、子ども約53cmを基準としています。

※掲載作品のサイズは
おおよその数字になります。

木製パルプから生まれたエコアンダリヤは、豊富なカラーバリエーションを誇ります。
本書は、その中でも圧倒的な人気を誇る23番糸だけを使用した帽子とヘア小物を掲載。
麦わら帽子やカンカン帽、ベレー帽といった長く使える定番のデザインに加え、
子ども用の帽子や親子でお揃いを楽しめるペア帽子なども紹介しています。
同じく23番糸だけで作ったバッグの本『エコアンダリヤのかごバッグ』と合わせて、
夏のナチュラルコーディネートを楽しんでください。

no. 01

ブリム変形ハット

後ろ側のブリムが6cm、手前が8cmというゆるやかな変化が絶妙なシルエットを作ります。パンツスタイルなら斜めにかぶってもかっこいい。

How to make ▶ P.52
Design／blanco

no. 02

模様ブリムの帽子

顔周りを華やかに見せるエレガントな編み地のブリムが特長。シンプルなコーディネートにアクセサリー感覚で取り入れて。

How to make ▶ P.53
Design ／ Riko リボン

no. 03

パイピングベレー帽

ナチュラルカラーを引き締める黒の
パイピングがアクセントに。フレン
チカジュアルにぴったりな定番のベ
レー帽です。

How to make ▶ P.54
Design／小鳥山いん子

no. 04

ナチュラル
ワークキャップ

メンズライクなワークキャップに、麻布のターバンを合わせることでナチュラルなコーディネートにも対応。ブリムをずらし気味にかぶるのがおすすめ。

How to make ▶ P.56
Design ／ Yuki Takagiwa

no.06

no.05

中折れ帽

マニッシュなデザインでも、ナチュラルカラーで仕上げるとやさしい印象に。パンツはもちろん、フェミニンな服装とも好相性です。

How to make ▶ P.57
Design ／ Yuki Takagiwa

no.07	no.08

模様編みのヘアバンド

繊細な模様編みがやさしい雰囲気。存在感十分に大人のヘアスタイルになじみます。

How to make ▶ P.60　Design／Miya

スカラップのカチューシャ

シンプルな花模様を引き立てるスカラップが印象的。コーディネートのスパイスに。

How to make ▶ P.60　Design／blanco

no. 09
ビッグリボンハット

グログランリボンをたっぷりあしらったフェミニンタイプ。まとめ髪でもスマートにかぶれる、スリットの入った変形ブリムが特長です。

How to make ▶ P.61
Design ／ blanco

no. 10
5cm ブリム帽

ひとつは持っておきたいシンプルなデザイン。5、8、12cmとブリムの幅を変えるだけで、エレガントにもカジュアルにも決まります。

How to make ▶ P.62
Design／Riko リボン

no. 11
カバー作品
8cm ブリム帽

How to make ▶ P.63
Design／Riko リボン

畳んでバッグに入れられるので、旅行にもおすすめ。

no. 12

12cm ブリム帽

How to make ▶ P.64
Design／Riko リボン

no. 13
no. 14
no. 15
no. 16
no. 17

no. 13 ニットボールとビーズのポニーフック

back

小ぶりなニットボールと木製ビーズを組み合わせたデザイン。動くと揺れる様子が素朴なかわいらしさを演出します。

How to make ▶ P.65　　Design／Miya

no. 14 デザインビーズと丸モチーフのポニーフック

back

シンプルな丸モチーフと個性的なビーズの組み合わせ。ほどよいサイズ感なので、no.13との2個付けもおすすめです。

How to make ▶ P.65　　Design／Miya

no. 15 デイジーのポニーフック

エコアンダリヤを広げて花びらに見立て、パールビーズの花芯で大人っぽく。大ぶりなので、華やかな浴衣スタイルにもぴったり。

How to make ▶ P.66
Design／Miya

---

no. 16　 back

ヘリンボーン編み（楕円）バレッタ

ヘリンボーンデザインのバレッタ。糸3本どりでザクザクと編んだラフさがポイントです。

How to make ▶ P.66　　Design／blanco

no. 17　 back

模様編み（四角）バレッタ

ユニークな編み地が特長。清涼感のあるヘアスタイルに仕上がります。

How to make ▶ P.67　　Design／blanco

no. 18

くしゅくしゅハット

糸と形状保持材を一緒に編み、好みの形に崩せるラフさを実現。トップをつぶしたり、ブリムを遊ばせたり、気分で楽しめます。

How to make ▶ P.68
Design／小鳥山いん子

ギュッとつぶせるから、かさばらず収納も楽々。

| no. 19

ワイドブリム帽

自在に形を変える幅広のブリムが着こなしの幅を広げます。後ろを下げてかぶれば女性らしく、上げるとカジュアルな印象に。幅広のブリムが気になる日差しを遮ってくれます。

How to make ▶ P.70
Design ／ Miya

no. 20

フリンジブリムの リゾート帽

9cmのワイドブリムに、4.5cmの フリンジを施したリゾート感満載の 帽子。日焼け対策もバッチリです。

How to make ▶ P.72
Design ／ Riko リボン

no. 21 22
くるみボタンのヘアゴム

余り糸を割いて、2/0号のかぎ針で編んだ繊細な編み地が特長。大小重ね付けしてブレスレットにしてもおしゃれ。

How to make ▶ P.74　　Design／Miya

no. 23 24
カンカン帽のヘアゴム

存在感十分のヘアゴム。ママは帽子、キッズはヘアゴムと、親子でカンカン帽のリンクコーデを楽しんでみては。

How to make ▶ P.75　　Design／Miya

no. 25
小鳥のヘアピン

エレガントな鳥モチーフがインパクト抜群。ヘアピンをブローチピンに付け替えて、帽子や洋服に付けるのもおすすめ。

How to make ▶ P.76　　Design／小鳥山いん子

no. 26

模様編みカンカン帽

サイドに施した涼やかな模様編みが印象的。コーディネートやヘアスタイルを選ばずかぶれるナチュラルな雰囲気が魅力です。

How to make ▶ P.77
Design／小鳥山いん子

| no. 27

モダンキャスケット

四角いフォルムと下向きのコンパクトな
ツバが特長。浅く斜めにさりげなくかぶ
れば、大人カジュアルのスパイスに。

How to make ▶ P.78
Design／小鳥山いん子

| no. 28

ボーラーハット

くるっと丸まったショートブリムが
スタイリッシュな印象。いつものコー
ディネートをワンランクアップさせ
るお助けアイテムです。

How to make ▶ P.80
Design ／ blanco

| no. 29 | カバー作品

カンカン帽

定番の黒いリボンをあしらったカンカン帽は、短めのブリムがクール。すじ編みで角をしっかりと立たせるのがポイントです。リボンの位置はお好みで。

How to make ▶ P.81
Design ／ Yuki Takagiwa

no. 30

リボン巻きのとんがり帽子

とんがり帽に模様編みの幅広リボンを巻いた個性派。帽子自体はシンプルなので、グログランリボンやスカーフなどを巻いてみても。

How to make ▶ P.82
Design／小鳥山いん子

no. 31
no. 32 kids

サファリハット

コードがアクセントのサファリタイプ。ブリムを広げた状態ならふだん使いに、ホックで留めればアクティブなシーンに。

How to make ▶ P.84
Design ／ Riko リボン

*no.*31

*no.*32

まんまるキャップ

目深にかぶれるコロンとした丸い形と短めのツバがかわいい。男女どちらにも似合うデザインです。

How to make ▶ P.86
Design ／ blanco

マリンキャップ

小さめツバのコンパクトキャップ。
飾りボタンをあしらったデザインは、
大人はかっこよく、子どもはかわい
らしく見せてくれます。

How to make ▶ P.88
Design ／ blanco

no.35

no.34

no. 36

チューリップハット

6枚をはぎ合わせたようなデザインと、かぶったときに波を打つブリムがポイント。もちろん、日除けもばっちり。

How to make ▶ P.91
Design ／ Riko リボン

no. 37 kids
とんがり帽

ツンととんがった形がまるで魔女の帽子のようなインパクト。ぐるぐると増し目しながら編むだけなので、初めて編む人におすすめです。

How to make ▶ P.92
Design ／ Yuki Takagiwa

主な材料と用具

エコアンダリヤ
木材パルプから生まれた天然素材を使用した糸。本書ではベージュ(23)のみ使用。

アミアミ両かぎ針ラクラク
両かぎ針。エコアンダリヤを1本どりで編むときの標準サイズは5/0～7/0号。本書では2/0～8/0号、8mmなども使用。(H250-510-4、H250-510-5)

毛糸とじ針
糸端の処理をする際に使用。(6本セット H250-706)

段目リング
1目めを見落とさないため、増減目の位置などを示すための印。(H250-708)

テクノロート(形状保持材)
糸と一緒に編みくるむことで、編み地の形を保ったり好きな形に変えることができる新素材。ポリエチレン製でしなやかに曲がる。本書では太さ0.7mmのものを使用。(H204-593)

熱収縮チューブ
テクノロートの端の始末やつなぎ目に使用。ドライヤーの熱で収縮し、つなぎ目にフィットする。(H204-605)

エコアンダリヤ専用スプレーのり
帽子に吹きかけるとパリッと仕上がり、形状保持に効果を発揮する。(H204-614) ※使用はお好みで

素材提供：ハマナカ

作品レッスン

no.18 くしゅくしゅハット (P.22-23／編み図 P.68) の編み方

自在に形を変えられるくしゅくしゅ感が特長。
そのポイントとなるテクノロート(形状保持材)の編みくるみ方や
仕上げ方を中心に紹介します。

〈作り方〉
わの作り目～こま編み (1～4段)

01 指に糸端を二重に巻く。

02 指からはずし、わの中に針を入れ、糸をかけて引き出す。

03 立ち上がりのくさり編み1目を編む(この目は1目とは数えません)。

立ち上がりのくさり1目

04 わにこま編みを6目編んだら、一旦針をはずす。糸端を少し引き、動くほうのわを矢印①の方向に引き、わを引き締める。最後に糸端を②の方向に引き、もう一度わを引き締める。

05 針を戻し1段目が完成。

06 2段目からは立ち上がりをつけずにぐるぐる編んでいく。前段1目めのこま編みの頭に針を入れて、糸をかけ引き出す。

07 糸をかけ、矢印の方向に引き抜く。

08 2段目のこま編み1目めが完成。

09 立ち上がりをつけない場合、1目めがわかりにくくなるので、段の1目めに段目リングをつけておく。

10 2段目はこま編み2目編み入れを6回繰り返し、こま編みを12目編む。

11 3段目は、2段目につけておいた段目リングをはずし、2段目の1目めにこま編みを1目編み、段目リングをつける。以降1段編むごとに段目リングをつけ替える。

12 こま編みとこま編み2目編み入れを交互に編み、3段目が完成。

13 こま編み2目、こま編み2目編み入れを繰り返し、4段目が完成。

テクノロートを編みくるむ（5〜45段）

14 5段目からテクノロートを編みくるむ。3cmにカットした熱収縮チューブをテクノロートに通しておく。

15 テクノロートの先端を3.5cm程度曲げる。

16 先端をねじり、直径5mm程度の輪を作る。

17 ねじった部分に先に通しておいた熱収縮チューブをかぶせる。

18 ヤケドに注意しながら熱収縮チューブにドライヤーの熱を2分程度あてる。

19 熱により、熱収縮チューブとテクノロートが密着する。

20 5段目は、4段目の1目めに針を入れ、テクノロートの輪に針を入れる。

21 そのままこま編みを編む。

22 5段目の1目めのこま編みが完成。

23 5段目2目めを編む。テクノロートを編み目に沿わせるように持ち、4段目の2目めに針を入れて糸をかけ引き出す。

24 さらに糸をかけてこま編みを1目編む。5段目2目めが編めたところ。以降、テクノロートを編みくるみながら、編み図のとおりに編み進める。

25 45段目の残り10目程度まで編む。

26 編み終わりの目とテクノロートの輪が合うようにテクノロートをカットし、**14〜19**の手順で輪を作る。

27 45段目を最後まで編む。44段目の最後の目と、テクノロートの輪に針を入れる。

28 こま編みを編む。

縁編みを編む（46段）

29 裏面はこのようになる。

30 46段目はバックこま編みで縁編みをする。糸端の処理をして完成。

仕上げ

31 編み目を揃えるため、帽子から少し離してスチームアイロンでスチームを全体にあてる。

32 好みの形に整える。

33 形が決まったら本体が完成。
※ベルトの作り方はP.69参照

帽子の形状を保ちたいときは、スチームのあとにエコアンダリヤ専用のスプレーのりを全体に吹きかけて乾かしましょう。
※この帽子には不要。

How to make

no. 01 ブリム変形ハット ▶P.6

[糸] ハマナカ エコアンダリヤ ベージュ(23)110g
[針] かぎ針5/0号、とじ針
[その他] テクノロート3m、熱収縮チューブ12cm
[ゲージ] こま編み18目20段=10cm
[仕上りサイズ] 図参照

[作り方]
① クラウンを編む。わの作り目にこま編み7目を編み入れ、増し目をしながらこま編みで36段目まで編む。
② ブリムを編む。37〜38段目は増し目をしながらこま編みで編み、39〜42段目は中長編みとこま編みで編む。43〜48段目は増し目をしながらこま編みで編む。43、47、48段目にはそれぞれテクノロートを編みくるむ（テクノロートの編みくるみ方はP.50〜参照）。49段目はバックこま編みで編む。
③ 紐を編む。くさり編みで320目(170cm)編む。紐通しを編み図指定の位置5箇所に編み付け、紐を二重に通して後ろで蝶結びする(紐通し参照)。
④ スチームアイロンで形を整える。

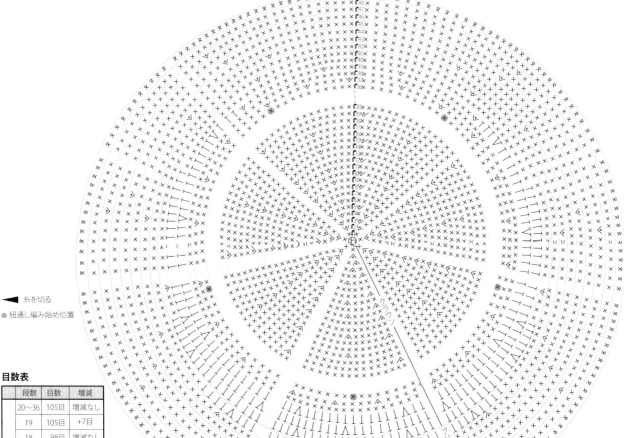

◀ 糸を切る
● 紐通し編み始め位置

目数表

段数	目数	増減
20〜36	105目	増減なし
19	105目	+7目
18	98目	増減なし
17	98目	+7目
16	91目	増減なし
15	91目	+7目
14	84目	
13	77目	増減なし
12	77目	+7目
11	70目	
10	63目	+7目
9	56目	
8	49目	+7目
7	42目	増減なし
6	42目	+7目
5	35目	
4	28目	+7目
3	21目	
2	14目	
1	7目	

クラウン

段数	目数	増減
49	182目	増減なし
48	182目	増減なし
47	182目	+8目
46	174目	増減なし
45	174目	+8目
44	166目	増減なし
43	166目	+12目
42	154目	+3目
41	151目	+8目
40	143目	+5目
39	138目	+12目
38	126目	増減なし
37	126目	+21目

ブリム

■ =テクノロート

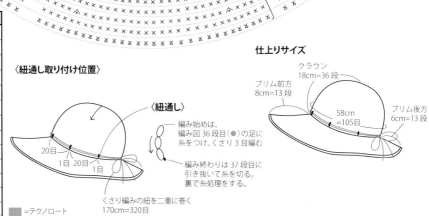

〈紐通し取り付け位置〉
20目 1目 20目 1目
〈紐通し〉
編み始めは、編み図36段目(●)の足に糸をつけ、くさり3目編む
編み終わりは37段目に引き抜いて糸を切る。裏で糸処理をする。
くさり編みの紐を二重に巻く 170cm=320目

〈仕上りサイズ〉
クラウン 18cm=36段
ブリム前方 8cm=13段
ブリム後方 6cm=13段
58cm=105目

no. 02 模様ブリムの帽子 ▶P.8

[糸]ハマナカ エコアンダリヤ ベージュ(23)110g
[針]かぎ針6/0号、とじ針
[その他]段目リング
[ゲージ]こま編み16目18.5段=10cm
[仕上リサイズ]図参照

[作り方]
①クラウンを編む。わの作り目にこま編み6目を編み入れる。2段目からは立ち上がりをつけず、増し目をしながら34段目まで編む。
②ブリムを編む。35、36段目は増し目をしながら編む。37〜44段目は編み図のとおりに編む。
③スチームアイロンで形を整える。

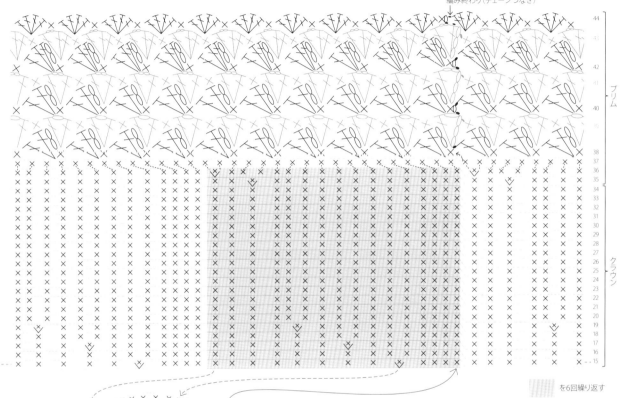

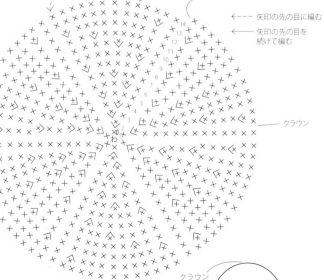

目数表

	段数	目数	増減
クラウン	20〜34	96目	増減なし
	19	96目	+6目
	18	90目	増減なし
	17	90目	+6目
	16	84目	増減なし
	15	84目	+6目
	14	78目	増減なし
	13	78目	
	12	72目	
	11	66目	
	10	60目	
	9	54目	
	8	48目	+6目
	7	42目	
	6	36目	
	5	30目	
	4	24目	
	3	18目	
	2	12目	
	1	6目	

	段数	目数	増減
ブリム	38〜44	36模様	
	37	108目	増減なし
	36	108目	+6目
	35	102目	+6目

no. 03 パイピングベレー帽 ▶P.10

[糸] ハマナカ エコアンダリヤ ベージュ(23) 100g
[針] かぎ針5/0号、縫い針、とじ針
[その他] 合皮バイアステープ(2.2cm×59cm・黒)1本、縫い糸(黒)少々、しつけ糸、段目リング
[ゲージ] こま編み19目18段=10cm
[仕上りサイズ] 図参照

[作り方]
① トップを編む。くさり編み2目の作り目に、こま編み6目を編み入れる。2段目からは立ち上がりをつけず、増し目をしながら30段目まで編む。
② 一度、スチームアイロンで形を整える。
③ サイドを編む。31、32段目を増減なしで編む。33段目からは減らし目をしながら46段目まで編む。
④ バイアステープをかぶり口(45、46段目)に挟み、返し縫いで縫い付ける(パイピングの付け方参照)。
⑤ スチームアイロンで形を整える。

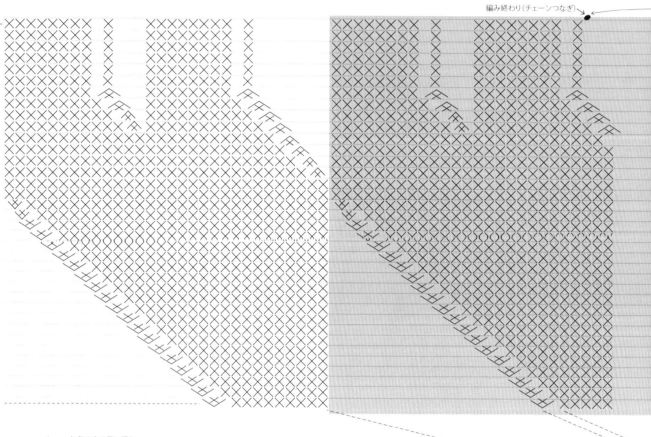

←--- 矢印の先の目に編む
←── 矢印の先の目を続けて編む

▨ を6回繰り返す

〈パイピングの付け方〉
① バイアステープを半分に折り、かぶり口(45、46段目)に挟んでしつけ糸で仮止めする。
② 返し縫いで縫い付け、最後は1.5cmほど端を重ね合わせて縫う。

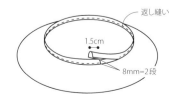

仕上りサイズ

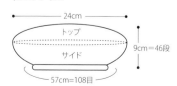

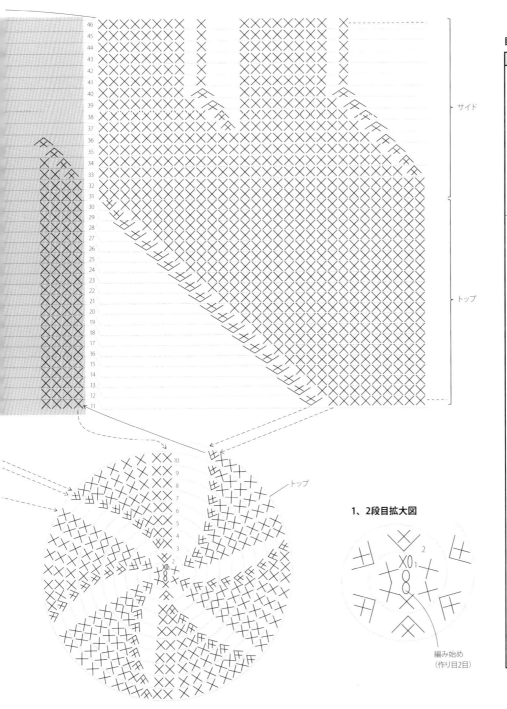

目数表

段数		目数	増減
サイド	41〜46	108目	増減なし
	40	108目	−12目
	39	120目	
	38	132目	
	37	144目	
	36	156目	−6目
	35	162目	
	34	168目	
	33	174目	
	31・32	180目	増減なし
トップ	30	180目	+6目
	29	174目	
	28	168目	
	27	162目	
	26	156目	
	25	150目	
	24	144目	
	23	138目	
	22	132目	
	21	126目	
	20	120目	
	19	114目	
	18	108目	
	17	102目	
	16	96目	
	15	90目	
	14	84目	
	13	78目	
	12	72目	
	11	66目	
	10	60目	
	9	54目	
	8	48目	
	7	42目	
	6	36目	
	5	30目	
	4	24目	
	3	18目	
	2	12目	
	1	6目	作り目から拾う

1、2段目拡大図

編み始め
(作り目2目)

no. 04 ナチュラルワークキャップ ▶P.12

[糸] ハマナカ エコアンダリヤ ベージュ(23)70g
[針] かぎ針5/0号、とじ針、縫い針
[その他] 麻布(22×62cm)、縫い糸(ベージュ)少々
[ゲージ] こま編み19目20段=10cm
[仕上りサイズ] 図参照

[作り方]
①トップを編む。わの作り目にこま編み7目を編み入れ、増し目をしながら17段目まで編む。
②サイドを編む。18段目は、すじ編みで前段の奥の半目を拾い、増減なしで35段目まで編む。
③ツバを編む。サイド35段目の48目めに糸をつけ、往復編みで9段目まで編む。
④スチームアイロンで形を整える。
⑤麻布でターバンを作り、シワを付けて5箇所程度縫い付ける(P.57ターバンの作り方参照)。

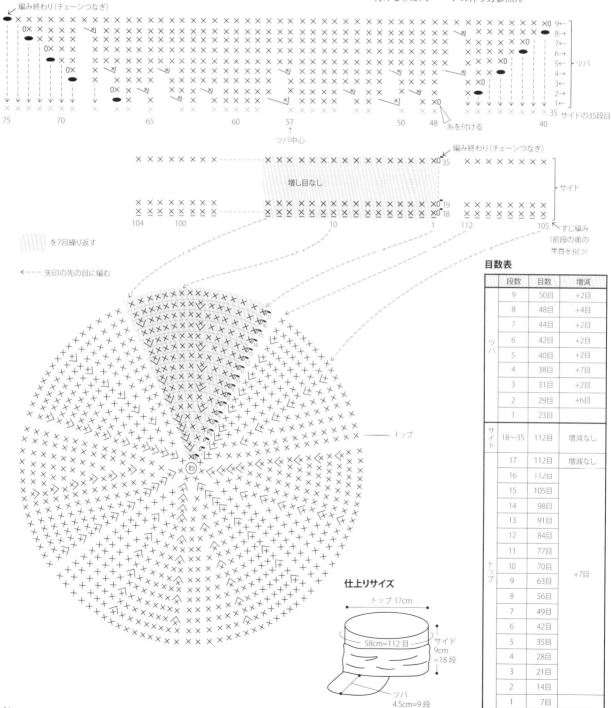

目数表

	段数	目数	増減
ツバ	9	50目	+2目
	8	48目	+4目
	7	44目	+2目
	6	42目	+2目
	5	40目	+2目
	4	38目	+7目
	3	31目	+2目
	2	29目	+6目
	1	23目	
サイド	18~35	112目	増減なし
	17	112目	増減なし
トップ	16	112目	+7目
	15	105目	
	14	98目	
	13	91目	
	12	84目	
	11	77目	
	10	70目	
	9	63目	
	8	56目	
	7	49目	
	6	42目	
	5	35目	
	4	28目	
	3	21目	
	2	14目	
	1	7目	

仕上りサイズ
トップ 17cm
58cm=112目
サイド 9cm=18段
ツバ 4.5cm=9段

〈ターバンの作り方〉

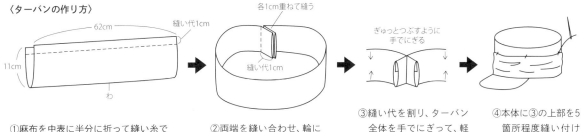

①麻布を中表に半分に折って縫い糸で縫い、表に返す。

②両端を縫い合わせ、輪にする。

③縫い代を割り、ターバン全体を手でにぎって、軽くシワを付ける。

④本体に③の上部を5箇所程度縫い付ける。

no. 05.06 中折れ帽 ▶ P.14 （編み図は P.58-59）

05
- [糸] ハマナカ エコアンダリヤ ベージュ(23)95g
- [針] かぎ針5/0号、とじ針
- [その他] テクノロート9.3m、熱収縮チューブ6cm、段目リング

06
- [糸] ハマナカ エコアンダリヤ ベージュ(23)70g
- [針] かぎ針5/0号、とじ針
- [その他] テクノロート7.4m、熱収縮チューブ6cm、段目リング
- [ゲージ] こま編み20目20段＝10cm
- [仕上りサイズ] 図参照

[作り方]
①トップを編む。くさり編み6目の作り目に、こま編み14目を編み入れる。2段目からはテクノロートを編みくるみ、増し目をしながら05は12段目、06は11段目まで編む（テクノロートの編みくるみ方はP.50～参照）。

②サイドを編む。05は13～37段目、06は12～31段目まで編む。05は24段目、06は21段目までテクノロートを編みくるむ。

③ブリムを編む。05は38～45段目、06は32～37段目まで増し目をしながら編む。

④ロープを作る。05は120cm、05は100cmにカットした糸6本を2本どりで三つ編みし、05は95cm、06は75cmのロープを作る。

⑤スチームアイロンで形を整え（形の整え方参照）、ロープを縫い付ける（ロープの付け方参照）。

〈形の整え方〉

①スチームアイロンでスチームをあて、トップと前寄りの両サイドにくぼみを付ける。

②ブリムの前は下げ、後ろは上げる。

仕上りサイズ

05 トップ15cm、サイド 12.5cm=25段、60cm=120cm、ブリム4cm=8段

06 トップ14cm、サイド 10cm=20段、52.5cm=105cm、ブリム3cm=6段

〈ロープの付け方〉

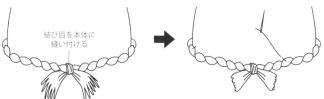

①ロープをサイドに一周させ、結んで重なったところを本体と一緒にエコアンダリヤの糸で縫い付ける。ロープの端の三つ編みをほどく。

②ロープの端を好みの長さにカットする。ロープの上部を5箇所程度をエコアンダリヤで本体に縫い付ける。

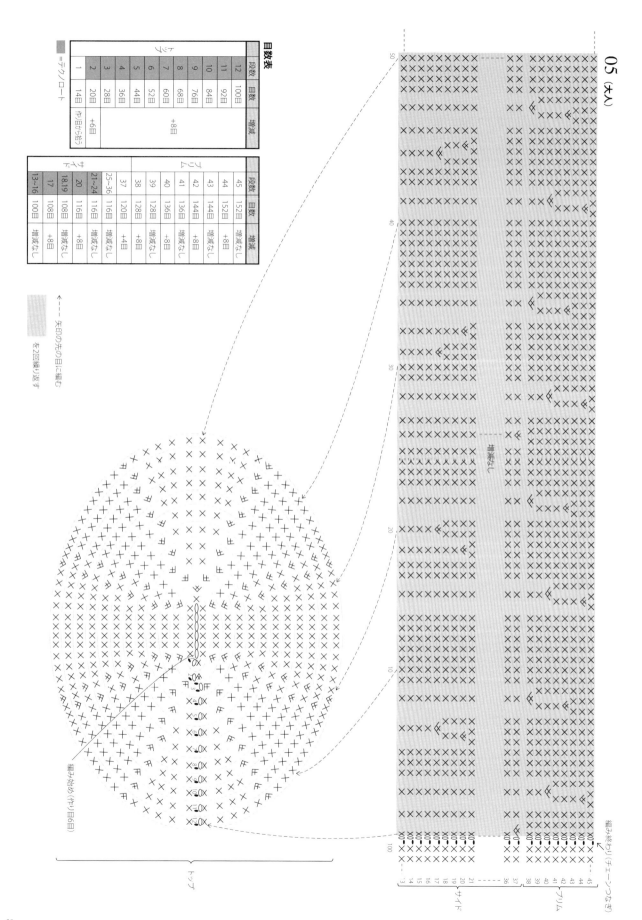

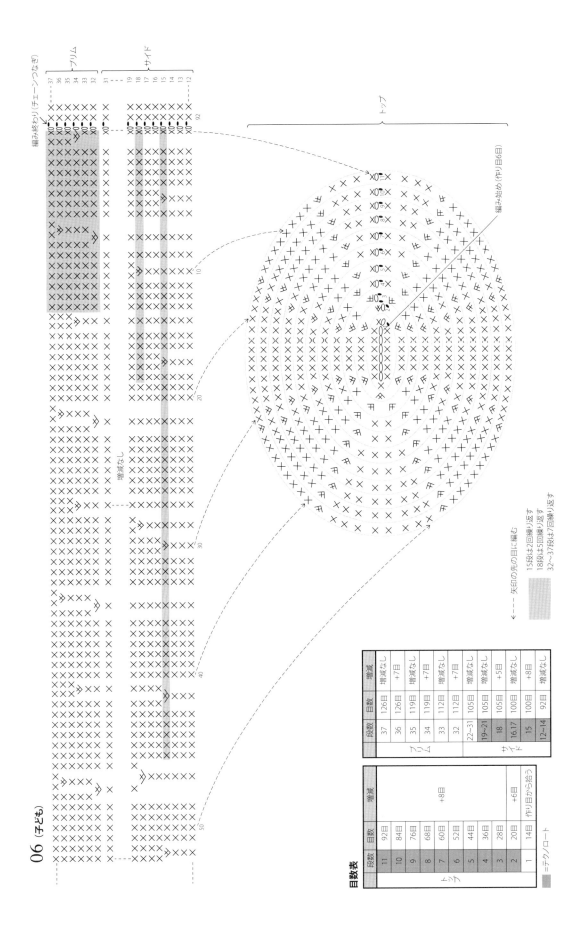

no. 07 模様編みのヘアバンド ▶P.15

[糸] ハマナカ エコアンダリヤ ベージュ(23) 15g
[針] かぎ針4/0号、縫い針、とじ針
[その他] ヘアゴム(24cm・黒)2本、グログランリボン
(幅1cm・黒)2.5cm×2本、縫い糸(黒)少々、
手芸用ボンド
[仕上りサイズ] 図参照

[作り方]
①くさり編み81目で作り目をし、往復編みで模様編み
を4段編む。反対側は編み図のとおりに糸を付けて同
様に編む。
②ヘアゴムを編み地に縫い付ける(ゴムの付け方参照)。

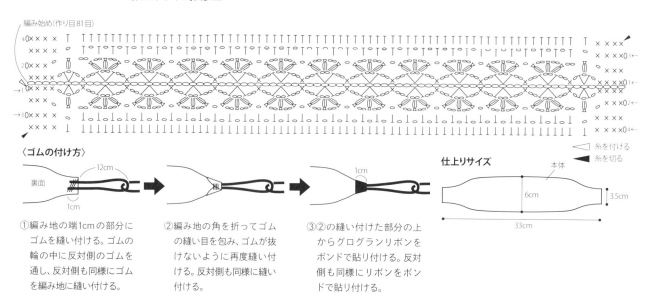

〈ゴムの付け方〉

①編み地の端1cmの部分にゴムを縫い付ける。ゴムの輪の中に反対側のゴムを通し、反対側も同様にゴムを編み地に縫い付ける。

②編み地の角を折ってゴムの縫い目を包み、ゴムが抜けないように再度縫い付ける。反対側も同様に縫い付ける。

③②の縫い付けた部分の上からグログランリボンをボンドで貼り付ける。反対側も同様にリボンをボンドで貼り付ける。

仕上りサイズ

no. 08 スカラップのカチューシャ ▶P.15

[糸] ハマナカ エコアンダリヤ ベージュ(23) 15g
[針] かぎ針7/0号、とじ針、縫い針
[その他] 平ゴム(幅8mm・黒)19cm、縫い糸(黒)少々
[仕上りサイズ] 図参照

[作り方]
①くさり編み65目で作り目をし、模様編みで2段編む。
②平ゴムを編み地に縫い付ける(ゴムの付け方参照)。

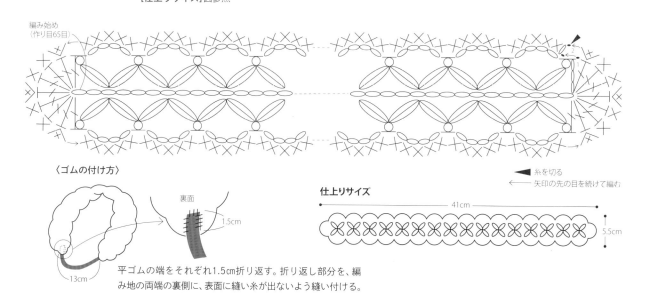

平ゴムの端をそれぞれ1.5cm折り返す。折り返し部分を、編み地の両端の裏側に、表面に縫い糸が出ないよう縫い付ける。

no. 09 ビッグリボンハット ▶P.16

[糸] ハマナカ エコアンダリヤ ベージュ(23)90g
[針] かぎ針6/0号、とじ針、縫い針
[その他] テクノロート1.8m、熱収縮チューブ12cm、
グログランリボン(幅5cm・黒)1.6m、
縫い糸(黒)少々
[ゲージ] こま編み17目20段=10cm
[仕上りサイズ] 図参照

[作り方]
※往復編みで編みます。
①クラウンを編む。わの作り目にこま編み7目を編み入れ、2〜14段目まではこま編みで増し目をしながら編む。15〜21段目までは模様編みで編む。22〜28段目まではスリットを入れて編む。
②ブリムを編む。29〜36段目まで編み図のとおりに模様編みで編む。33段目は、テクノロートを編みくるむ(テクノロートの編みくるみ方はP.50〜参照)。
③縁編みは、テクノロートを編みくるみながら、スリットからこま編みで編む。
④スチームアイロンで形を整える。
⑤リボンを帽子に縫い付ける
(リボンの付け方参照)。

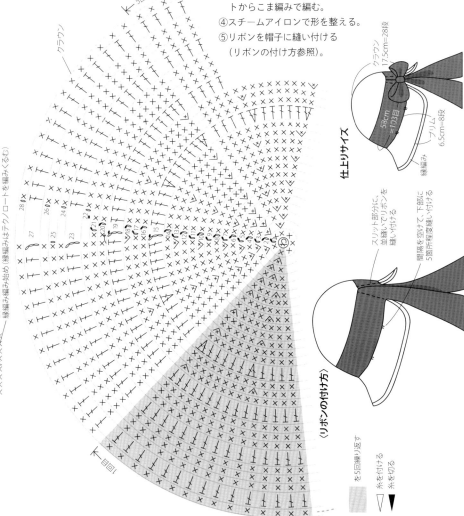

段数	目数	増減	編み方
36	148目	-2目	往復編み
35	150目	端で-4目	
34	138目	+16目	
33	140目	-2目	
32	130目	+10目	
31	132目	-2目	
30	114目	+18目	
29	114目	増減なし	
23〜28	103目	増減なし	輪編みの往復編み
22	103目	-2目	
19〜21	105目	増減なし	
18	105目	+7目	
17	98目	+7目	
16	91目	+14目	
15	91目	増減なし	
14	77目	+7目	
13	77目	増減なし	
12	70目	+7目	
11	63目	増減なし	
10	63目	+7目	
9	56目	+7目	
8	49目	+7目	
7	49目	増減なし	
6	42目	+7目	
5	35目	+7目	
4	28目	+7目	
3	21目	+7目	
2	14目	+7目	
1	7目		

no. 10　5cmブリム帽 ▶P.18

[糸] ハマナカ エコアンダリヤ ベージュ(23) 90g
[針] かぎ針 6/0号、とじ針、縫い針
[その他] ワックスコード(直径約1.8mm) 1.6m 、縫い糸(茶) 少々、段目リング
[ゲージ] こま編み 16目 18.5段=10cm
[仕上リサイズ] 図参照

[作り方]
① クラウンを編む。わの作り目にこま編み6目を編み入れる。2段目からは立ち上がりをつけず、増し目をしながら34段目まで編む。
② ブリムを編む。35～40段目は増し目をしながら、41～44段目は編み図のとおりに編む。
③ くさり編み5目で紐通しを作り、指定位置に取り付ける(紐通し取り付け位置参照)。
④ ワックスコードを半分に折り、図のように縫い付ける(飾り紐取り付け方参照)。
⑤ スチームアイロンで形を整える。

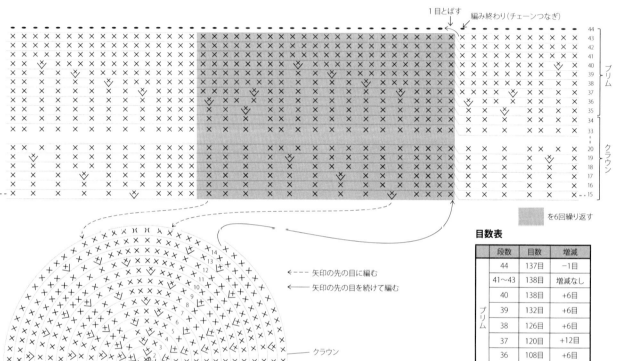

仕上リサイズ
クラウン 19cm=34段
58cm=96目
ブリム 5cm=10段

〈紐通し取り付け位置〉10、11、12共通
くさり編み5目(編み始めと編み終わりの糸を約15cmとっておく)で、紐通しを4本作る。(●)の位置で、33・34段目をくるみ、裏で結び、取り付ける。反対側も同様に取り付け、裏で糸処理をする。

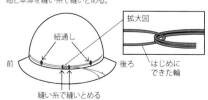

〈飾り紐取り付け方〉10、11、12共通
ワックスコードを半分に折り、すべての紐通しに通す。はじめにできた輪に糸端(2本)を通して、紐と本体を縫い糸で縫いとめる。

目数表

	段数	目数	増減
ブリム	44	137目	−1目
	41～43	138目	増減なし
	40	138目	+6目
	39	132目	+6目
	38	126目	+6目
	37	120目	+12目
	36	108目	+6目
	35	102目	+6目
クラウン	20～34	96目	増減なし
	19	96目	+6目
	18	90目	増減なし
	17	90目	+6目
	16	84目	増減なし
	15	84目	+6目
	14	78目	増減なし
	13	78目	+6目
	12	72目	+6目
	11	66目	+6目
	10	60目	+6目
	9	54目	+6目
	8	48目	+6目
	7	42目	+6目
	6	36目	+6目
	5	30目	+6目
	4	24目	+6目
	3	18目	+6目
	2	12目	+6目
	1	6目	

no. 11 8cmブリム帽 ▶P.18

[糸] ハマナカ エコアンダリヤ ベージュ(23) 110g
[針] かぎ針 6/0号、とじ針、縫い針
[その他] ワックスコード(直径約1.8mm) 1.6m、
縫い糸(茶) 少々、段目リング
[ゲージ] こま編み16目18.5段=10cm
[仕上りサイズ] 図参照

[作り方]
① クラウンを編む。わの作り目にこま編み6目を編み入れる。2段目からは立ち上がりをつけず、増し目をしながら34段目まで編む。
② ブリムを編む。35〜45段目は増し目をしながら、46〜49段目は編み図のとおりに編む。
③ くさり編み5目で紐通しを作り、指定位置に取り付ける(P.62紐通し取り付け位置参照)。
④ ワックスコードを半分に折り、図のように縫い付ける(P.62飾り紐取り付け方参照)。
⑤ スチームアイロンで形を整える。

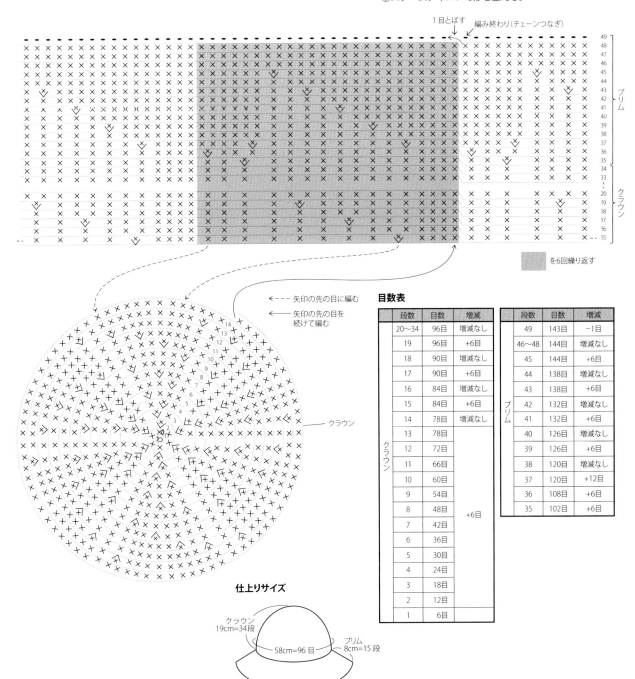

no. 12 12cmブリム帽 ▶P.19

[糸] ハマナカ エコアンダリヤ ベージュ(23)150g
[針] かぎ針 6/0号、とじ針、縫い針
[その他] ワックスコード(直径約1.8mm)1.6m、縫い糸(茶)少々、段目リング
[ゲージ] こま編み16目18.5段=10cm
[仕上りサイズ]図参照

[作り方]
① クラウンを編む。わの作り目にこま編み6目を編み入れる。2段目からは立ち上がりをつけず、増し目をしながら34段目まで編む。
② ブリムを編む。35〜53段目は増し目をしながら、54〜57段目は編み図のとおりに編む。
③ くさり編み5目で紐通しを作り、指定位置に取り付ける(P.62紐通し取り付け位置参照)。
④ ワックスコードを半分に折り、図のように縫い付ける(P.62飾り紐取り付け方参照)。
⑤ スチームアイロンで形を整える。

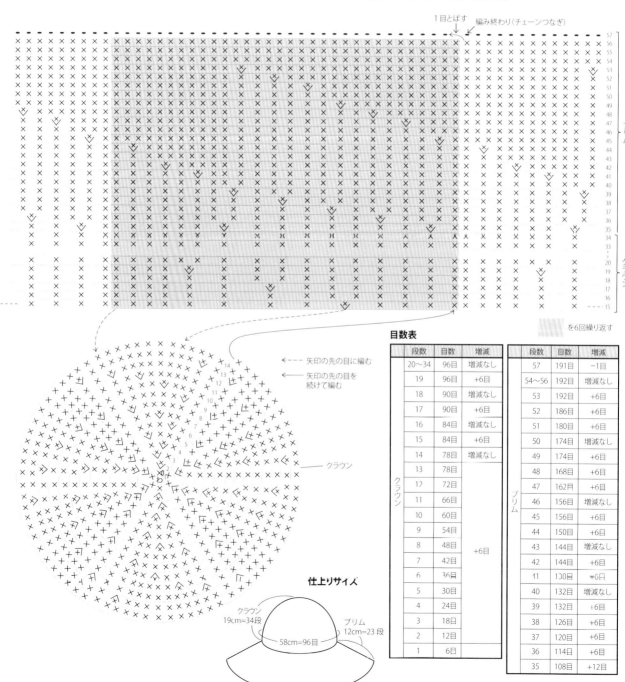

目数表

段数	目数	増減
20〜34	96目	増減なし
19	96目	+6目
18	90目	増減なし
17	90目	+6目
16	84目	増減なし
15	84目	+6目
14	78目	増減なし
13	78目	+6目
12	72目	+6目
11	66目	+6目
10	60目	+6目
9	54目	+6目
8	48目	+6目
7	42目	+6目
6	36目	+6目
5	30目	+6目
4	24目	+6目
3	18目	+6目
2	12目	+6目
1	6目	

段数	目数	増減
57	191目	-1目
54〜56	192目	増減なし
53	192目	+6目
52	186目	+6目
51	180目	+6目
50	174目	増減なし
49	174目	+6目
48	168目	+6目
47	162目	+6目
46	156目	増減なし
45	156目	+6目
44	150目	+6目
43	144目	増減なし
42	144目	+6目
41	138目	+6目
40	132目	増減なし
39	132目	+6目
38	126目	+6目
37	120目	+6目
36	114目	+6目
35	108目	+12目

仕上りサイズ
クラウン 19cm=34段
ブリム 12cm=23段
58cm=96目

no. 13 ニットボールとビーズのポニーフック ▶ P.20

[糸] ハマナカ エコアンダリヤ ベージュ(23)1g
[針] かぎ針 2/0 号、とじ針
[その他] ウッドビーズ(10mm・黒) 2個、ウッドビーズ(10mm・ゴールド)1個、透かし玉(10mm・ゴールド)1個、デイジー(直径4mm・金古美)6個、Tピン(0.7×30mm・金古美)6本、丸カン(0.8×5mm・金古美)3個、ポニーフック(カン付)1個、綿少々、丸ペンチ、ニッパー
[仕上りサイズ] 直径6.5cm

[作り方]
※2mに切った糸を縦半分に裂き、1本で編みます。
①ニットボールを編む(2個)。わの作り目にこま編み6目を編み入れ、編み図のとおりに編む。編み終わりの糸を約20cm残してカットする。
②①の中に綿を詰め、残り糸をとじ針に通し、最終段の目を拾い、引きしぼり、ゆるまないように糸処理をする。
③各パーツの下部分にデイジーを重ね、Tピンを刺し、丸ペンチで上部を丸める(Tピンの丸め方参照)。
④丸カン2つにパーツを3個ずつつなげる。
⑤ポニーフックパーツのカン部分に、④の丸カン部分を残りの丸カンでつなげる(丸カンのつなげ方参照)。

[ニットボール編み図]×2

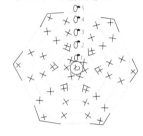

目数表

段数	目数	増減
5	6目	−6目
3・4	12目	増減なし
2	12目	+6目
1	6目	

〈Tピンの丸め方〉

 ①ニッパーで7〜8mmにカットする ②Tピンの先を丸ペンチではさむ。

隙間を残さない　少し重なるくらいに巻く

 ③Tピンの端を丸ペンチではさんだまま丸ペンチを回してTピンを丸める。 ④丸ペンチの先で根元を持ってパーツの中心に円を持ってくる。

〈丸カンのつなげ方〉

各パーツを丸カンに通したら、ポニーフックパーツに残りの丸カンでつなげる

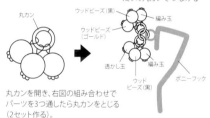

丸カンを開き、右図の組み合わせでパーツを3つ通したら丸カンをとじる。(2セット作る)。

no. 14 デザインビーズと丸モチーフのポニーフック ▶ P.20

[糸] ハマナカ エコアンダリヤ ベージュ(23)1g
[針] かぎ針4/0号、とじ針、縫い針
[その他] デザインビーズ(直径1.6cm)1個、ポニーフック(貼付け型)1個、縫い糸(黒)、強力接着剤
[仕上りサイズ] 図参照

[作り方]
①丸モチーフを編む。わの作り目にこま編み5目を編み入れ、編み図のとおりに編む。
②デザインビーズを①の中央に、縫い糸で縫い付ける。
③②の裏側に強力接着剤を付け、ポニーフックを貼り付ける。

[丸モチーフ編み図]

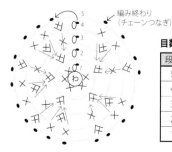

目数表

段数	目数	増減
5	20目	増減なし
4	20目	
3	15目	+5目
2	10目	
1	5目	

※4段目は、3段目を編みくるみながら2段目の矢印の先の目に編む。

← 矢印の先の目に編む
← 矢印の先の目を続けて編む

仕上りサイズ

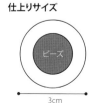

3cm

no. 15 デイジーのポニーフック ▶P.20

[糸] ハマナカ エコアンダリヤ ベージュ(23)3g
[針] かぎ針4/0号、とじ針、縫い針
[その他] つや消しパールビーズ(5mm・グレー)16個、
ポニーフック(貼付け型)1個、強力接着剤、
縫い糸(茶)少々
[仕上りサイズ] 図参照

[作り方]
①花芯を編む。わの作り目にこま編み6目を編み入れ、編み図のとおりに編む。
②フリンジ用の糸を長さ8cm×48本用意する。
③フリンジを付ける。花芯最終段の手前の半目と奥の半目で合計48本付ける(フリンジの付け方参照)。
④③のフリンジにスチームアイロンをあて、花びらのように開き、2.5cmの長さで切り揃える。
⑤パールビーズを縫い糸で花芯の上に縫い付ける(ビーズ配置図参照)。
⑥花芯の裏側に強力接着剤を付け、ポニーフックを貼り付ける。

[花芯編み図]

◀糸を切る

目数表

段数	目数	増減
2	12目	+6目
1	6目	

〈フリンジの付け方〉

①花芯最終段の奥の半目に針を入れ、半分に折ったフリンジの糸2本に針をかける。
②フリンジを途中まで引き出す。矢印のように糸端4本をまとめて輪に通し、糸端を引き、輪をしめる。奥の半目すべてにフリンジを付けたら、手前の半目にも同様にフリンジを付ける。

〈ビーズ配置図〉
外側10個
内側5個
中心1個

仕上りサイズ

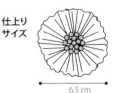

6.5cm

no. 16 ヘリンボーン編み(楕円)バレッタ ▶P.20

[糸] ハマナカ エコアンダリヤ ベージュ(23)12g
[針] かぎ針6/0号、かぎ針8mm、とじ針
[その他] バレッタ(幅7cm)1個
[仕上りサイズ] 図参照

[作り方]
①裏面を編む。糸1本どり、6/0号かぎ針で編む。くさり編み16目で作り目をし、こま編みで増し目をしながら2段編む。
②表面を編む。糸3本どり、8mmかぎ針で編む。くさり編みで9目作り目をし、ヘリンボーンクロッシェ編みで2段編む。
③裏面と表面の2枚を外表に合わせる。糸1本どりで、6/0号針に替えて裏面から引き抜きとじでとじる(仕上げ方参照)。
④糸1本どりで縁編みを編む。
⑤バレッタを裏面の中央に置き、とじ針で縫い付ける。

[表面編み図](3本どり・8mm) [裏面編み図](1本どり・6/0号)

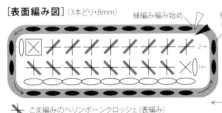

✕ こま編みのヘリンボーンクロッシェ(表編み)
✕ こま編みのヘリンボーンクロッシェ(裏編み)
⊠ こま編み(裏編み)
◁ 糸を付ける
◀ 糸を切る

縁編み編み始め
編み終わり(チェーンつなぎ)
矢印の先の目を続けて編む

表面との引き抜きとじスタート位置
編み終わり(チェーンつなぎ)

仕上りサイズ

縁編み
4cm
10cm

〈仕上げ方(引き抜きとじ)〉

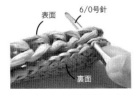

01 裏面と表面を外表に合わせ、それぞれの2段目の1目に針を入れる。

02 糸を付け、引き抜きとじをする。引き抜きとじ2目めは、裏面は3目め、表面は2目めに針を入れる。

03 糸をかけ、引き抜きとじをする。裏面のみ、こま編みを1目とばしながら引き抜きとじをする。サイドは編み図のとおり1目とばさずに編む。

04 編み図のとおり、引き抜きとじ22目でとじ合わせる。

〈ヘリンボーンクロッシェ編みの編み方〉※わかりやすいように糸は1本どりで編んでいます(実際は3本どり)

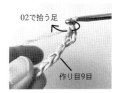
01 くさり1目で立ち上がり、作り目の裏山を拾ってこま編みを1目編む。

02 2目めは、01の印のついた1目めのこま編みの左側の足1本に手前から針を入れる。

03 作り目の裏山に針を入れ、針に糸をかけ裏山から糸を引き出す。

04 針に糸をかけ、針にかかった3ループを引き抜く。

05 ヘリンボーンクロッシェの表編みが1目編めたところ。

06 02~04を繰り返しヘリンボーンクロッシェの表編み1段目が完成。

07 2段目はくさり1目で立ち上がり、編み地を手前に回して裏返し、編み地の向こう側から前段の目の頭2本に針を入れる。

08 矢印のように針に糸をかけて引き出す。通常とは違うかけ方をするので注意。

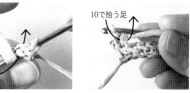
09 糸をかけ、針にかかった2ループを引き抜く。1目めのこま編みの裏編みが編めたところ(表面から見たところ)。

10 2目めは、編み地の向こう側から、09の印のついたこま編みの裏編みの足1本(左側の1本)と前段の目の頭に針を入れる。

11 08と同じように針を動かし、糸をかけて前段の目から糸を引き出す。

12 針に糸をかけ、針にかかった3ループを引き抜く。

13 ヘリンボーンクロッシェの裏編みが編めたところ。

14 10~12を繰り返し、ヘリンボーンクロッシェの裏編み2段目が完成(表面から見たところ)。

no. 17 模様編み(四角)バレッタ ▶P.20

[糸] ハマナカ エコアンダリヤ ベージュ(23)8g
[針] かぎ針6/0号、とじ針
[その他] バレッタ(幅7cm)1個
[仕上りサイズ] 図参照

[作り方]
①裏面を編む。くさり編み5目で作り目をし、こま編みで20段目まで編む。
②表面を編む。くさり編み5目で作り目をし、模様編みで14段目まで編む。糸は切らずにそのまま残しておく。
③表面と裏面を外表に合わせ、表面で残しておいた糸で2枚いっしょに縁編みを編む。
④バレッタを裏面の中央に置き、とじ針で縫い付ける。

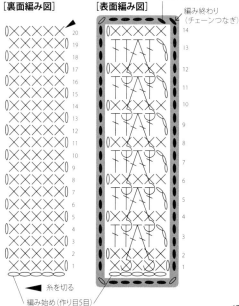

no. 18 くしゅくしゅハット ▶P.22

[糸] ハマナカ エコアンダリヤ ベージュ(23)110g
[針] かぎ針8/0号、とじ針
[その他] テクノロート20m、熱収縮チューブ6cm、段目リング
[ゲージ] こま編み15目16段=10cm
[仕上りサイズ] 図参照

[作り方] ※P.48〜51参照

① トップを編む。わの作り目にこま編み6目を編み入れる。2段目からは立ち上がりをつけず、増し目をしながら4段目まで編む。5段目からテクノロートを編みくるみ、17段目まで編む。

② サイドを編む。18〜37段目まで、編み図のとおりに編む。

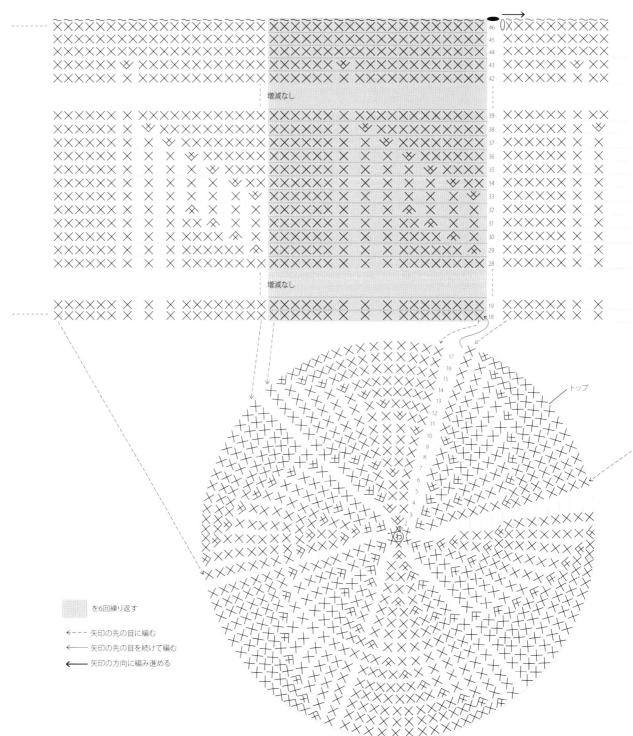

③ブリムを編む。38～45段目まで、編み図のとおりに編む。
④縁編みを編む。立ち上がりをつけて、バックこま編みで編む。
⑤スチームアイロンで編み目を整える。
⑥本体を好みの形に整える。
⑦編み図のとおりにベルトを編み、輪にして本体に被せる(ベルトの組み立て方参照)。

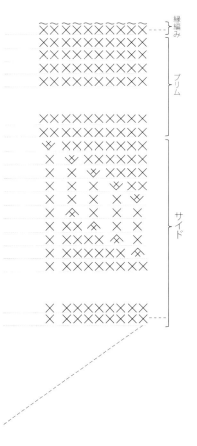

目数表

段数	目数	増減
縁編み 46	120目	増減なし
44・45	120目	
43	120目	+6目
39～42	114目	増減なし
38	114目	
37	108目	
36	102目	+6目
35	96目	
34	90目	
33	84目	
32	78目	
31	84目	-6目
30	90目	
29	96目	
18～28	102目	増減なし
17	102目	
16	96目	
15	90目	
14	84目	
13	78目	
12	72目	
11	66目	+6目
10	60目	
9	54目	
8	48目	
7	42目	
6	36目	
5	30目	
4	24目	
3	18目	
2	12目	
1	6目	

■ =テクノロート

[ベルト編み図]
往復編みで73段編む。糸端を15cm残して切る。

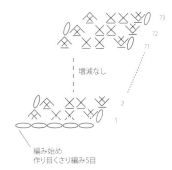

編み始め
作り目くさり編み5目

〈ベルトの組み立て方〉

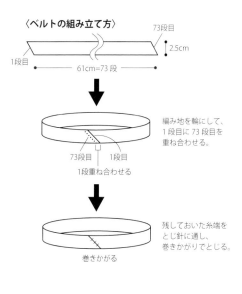

仕上りサイズ(くしゅくしゅさせる前)

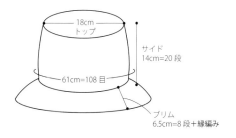

no. 19 ワイドブリム帽 ▶P.24

[糸] ハマナカ エコアンダリヤ ベージュ(23) 190g
[針] かぎ針5/0号、とじ針
[その他] テクノロート7.3m、熱収縮チューブ6cm、段目リング
[ゲージ] こま編み20目25段=10cm
[仕上りサイズ] 図参照

[作り方]
①クラウンを編む。わの作り目に、こま編み7目を編み入れる。2段目からは立ち上がりをつけず、増し目をしながら37段目まで編む。
②ブリムを編む。38～65段目は増し目をしながら編み図のとおりに編む。66～71段目は、テクノロートを編みくるみながら編む(テクノロートの編みくるみ方はP.50～参照)。
③スチームアイロンで形を整える。

目数表

	段数	目数	増減
クラウン	35～37	120目	増減なし
	34	120目	+4目
	23～33	116目	増減なし
	22	116目	+4目
	18～21	112目	増減なし
	17	112目	+7目
	16	105目	増減なし
	15	105目	+7目
	14	98目	
	13	91目	
	12	84目	
	11	77目	
	10	70目	
	9	63目	
	8	56目	
	7	49目	
	6	42目	
	5	35目	
	4	28目	
	3	21目	
	2	14目	
	1	7目	

	段数	目数	増減
ブリム	71	271目	-1目
	70	272目	+8目
	69	264目	増減なし
	68	264目	+8目
	67	256目	増減なし
	66	256目	+8目
	65	248目	増減なし
	64	248目	+8目
	63	240目	増減なし
	62	240目	+8目
	61	232目	増減なし
	60	232目	+8目
	59	224目	増減なし
	58	224目	+8目
	57	216目	増減なし
	56	216目	+8目
	55	208目	増減なし
	54	208目	+8目
	53	200目	増減なし
	52	200目	+8目
	51	192目	増減なし
	50	192目	+8目
	49	184目	増減なし
	48	184目	+8目
	47	176目	増減なし
	46	176目	+8目
	45	168目	増減なし
	44	168目	+8目
	43	160目	
	42	152目	増減なし
	41	152目	+8目
	40	144目	
	39	136目	
	38	128目	

■ =テクノロート

仕上りサイズ

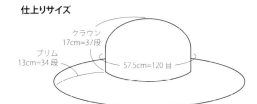

クラウン 17cm=37段
ブリム 13cm=34段
57.5cm=120目

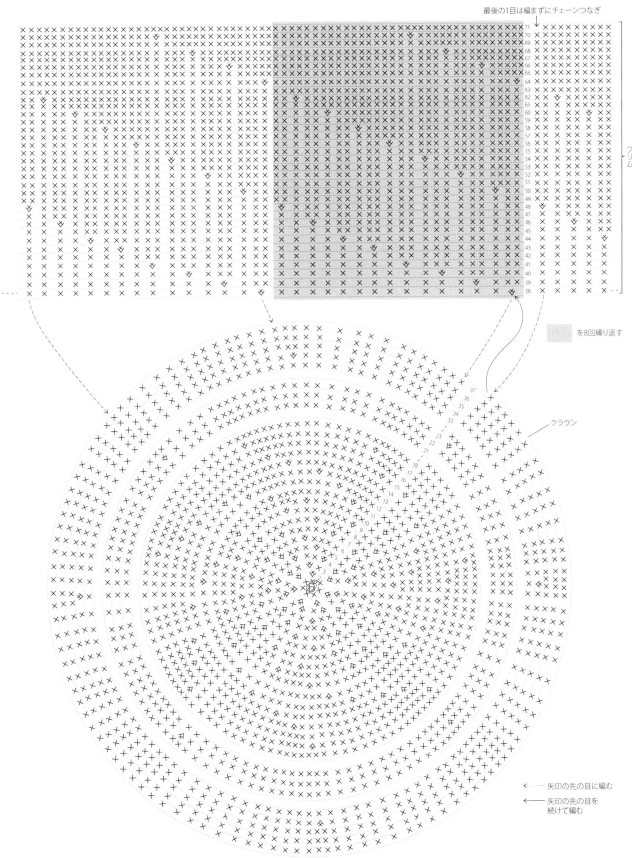

no. 20 フリンジブリムのリゾート帽 ▶ P.26

[糸] ハマナカ エコアンダリヤ ベージュ(23) 160g
[針] かぎ針6/0号、とじ針
[その他] 段目リング
[ゲージ] こま編み16目18.5段=10cm
[仕上りサイズ] 図参照

[作り方]
※糸は、編み図グレー49段目のみ2本どりで編みます。
① クラウンを編む。わの作り目にこま編み6目を編み入れる。2段目からは立ち上がりをつけず、増し目をしながら34段目まで編む。
② ブリムを編む。35～50段目まで編み図のとおりに編む。(48～50段目はフリンジの作り方01～10参照)。
③ すべて編み終え糸処理をしたら、リングこま編みのリングをカットしフリンジを作る(フリンジの作り方の11参照)。
④ スチームアイロンで形を整える。

〈フリンジの作り方〉※ 48～50段目は、手前をグレー、奥を黒で表記しています。

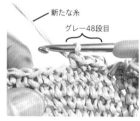

01 47段目を編み終えたら、編んでいた糸を後ろで休める。新たに糸を付け、47段目のこま編み手前の半目に編み図グレー48段目を編む。

02 編み図グレー48段目を編み終えたら、1目めに引き抜き編みをする。糸を1本追加して付け、2本どりで49段目の立ち上がりのくさり編みを編む。

03 そのまま2本どりで編み図グレー49段目(リングこま編み)を編む。リングは5～6cmの長さで作る。

04 編み図グレー49段目を編み終えたら、1目めに引き抜き編みをする。糸を1本どりにして、50段目の立ち上がりのくさり編みを編む。

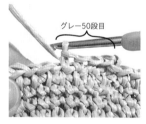

05 そのまま1本どりで編み図グレー50段目を編む。

06 編み図グレーの糸処理をすべて終えたら、編み図グレー50段目の1目めの頭に針を入れる。

07 49段目のリングこま編み1目めのリングに針をかけ引き出す。リングこま編みは2本どりで編んでいるので2本引き出す。

08 同様にすべての目からリングを手前に引き出す。

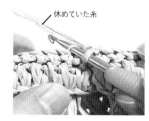

09 01で後ろで休めていた糸で47段目のこま編み奥の半目に編み図黒48段目を編む。そのまま編み図黒のとおり、50段目の立ち上がりのくさり編みまで編む。

10 編み図黒50段目のこま編みは、編み図グレー50段目と編み図黒49段目を一緒に拾い編む。

11 編み図黒50段目を編み終えたら糸処理をして、もう一度リングをきちんと引き出す。リングの中央をカットする。

12 スチームアイロンをかけ、フリンジの長さを4.5cmに整え、完成。

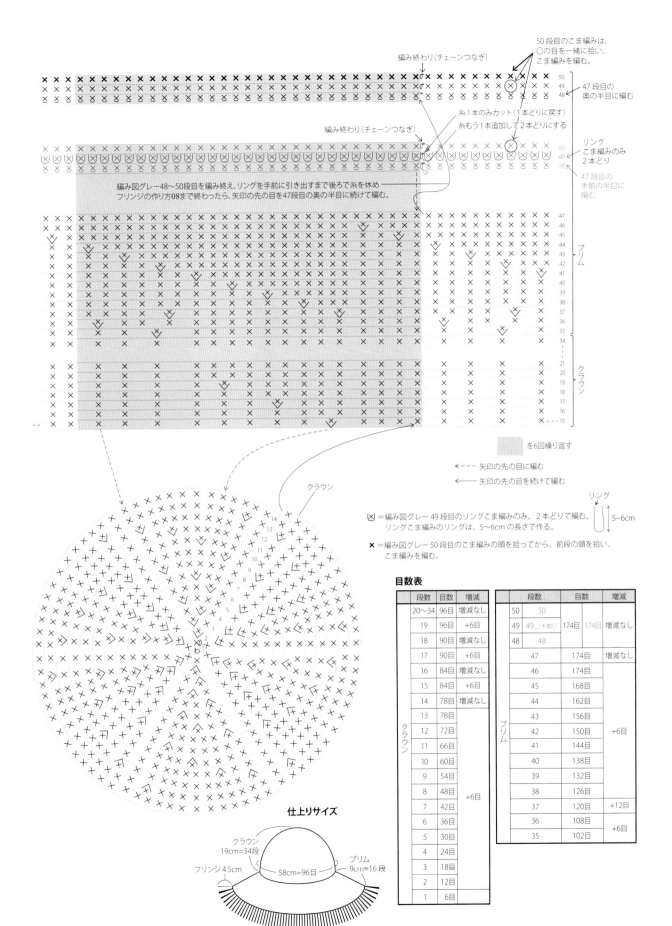

no. 21.22 くるみボタンのヘアゴム ▶ P.28

21（大）
[糸] ハマナカ エコアンダリヤ ベージュ（23）7g
[針] かぎ針 2/0号、とじ針
[その他] ヘアゴム22cm、くるみボタン足付きキット（直径48mm）1組、綿少量、段目リング

22（小）
[糸] ハマナカ エコアンダリヤ ベージュ（23）4g
[針] かぎ針 2/0号、とじ針
[その他] ヘアゴム20cm、くるみボタン足付きキット（直径29mm）1組、綿少量、段目リング

[仕上リサイズ] 図参照

[作り方]
※糸は縦半分に裂いた1本で編みます。
①わの作り目にこま編み7目を編み入れる。編み図のとおりに21は10段目、22は7段目まで編む。
②くるみボタンに仕上げる（くるみボタンの組み立て方参照）。

[21（大）編み図]

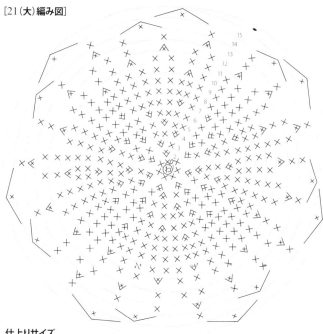

目数表

段数	目数	増減
15	7目	−7目
14	14目	
13	21目	
12	28目	
11	35目	
10	42目	
8・9	49目	増減なし
7	49目	+7目
6	42目	
5	35目	
4	28目	
3	21目	
2	14目	
1	7目	

仕上リサイズ

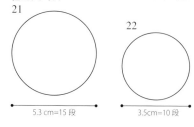

21　5.3cm＝15段
22　3.5cm＝10段

[22（小）編み図]

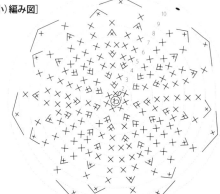

目数表

段数	目数	増減
10	7目	−7目
9	14目	
8	21目	
7	28目	
6	35目	増減なし
5	35目	+7目
4	28目	
3	21目	
2	14目	
1	7目	

〈くるみボタンの組み立て方〉

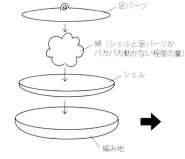

足パーツ
綿（シェルと足パーツがパカパカ動かない程度の量）
シェル
編み地

①編み地の中に、シェル、綿、足パーツの順に入れる。

②残り段の21は11〜15段目、22は8〜10段目までを編む。編み終わりの糸は約20cm残してカットする。

③足パーツにヘアゴムを通して結び、結び目を編み地の中に入れる。編み終わりの糸をとじ針に通し、最終段の目を拾い、ヘアゴムの結び目が出ないように引き絞り、糸処理をする。

no. 23.24 カンカン帽のヘアゴム ▶P.28

23(大)
[糸] ハマナカ エコアンダリヤ ベージュ(23)7g
[針] かぎ針4/0号、とじ針
[その他] ヘアゴム20cm、グログランリボン(幅6mm・黒)22cm、手芸用ボンド、綿少量

24(小)
[糸] ハマナカ エコアンダリヤ ベージュ(23)6g
[針] かぎ針4/0号、とじ針
[その他] ヘアゴム20cm、グログランリボン(幅6mm・黒)20cm、手芸用ボンド、綿少量
[仕上りサイズ] 図参照

[作り方]
①わの作り目に、23はこま編7目、24は8目編み入れる。編み図のとおりに23は11段目、24は10段目までを1枚(A)と、23は4段目、24は3段目までを1枚(B)編む。Bは編み終わりの糸を20cm残してカットする。
②Aの中に綿を詰める。
③Bの表面からゴムを通し、裏で結ぶ(ゴムの付け方参照)。
④A・Bを外表に合わせ、Bの残り糸でAの23は8目目、24は7目目のすじ編みの残り半目と、Bの最終段の目を合わせて拾い、巻きかがりではぎ合わせる(ゴムの付け方参照)。
⑤リボンを作り、ボンドで付ける(リボンの付け方参照)。

[23(大)編み図] A:11段目までを1枚、B:4段目までを1枚

[24(小)編み図] A:10段目までを1枚、B:3段目までを1枚

目数表 23(大)

段数	目数	増減
11	49目	増減なし
10	49目	+7目
9	42目	+7目
8	35目	+7目 ※手前の半目を拾ってすじ編み
7	28目	増減なし
6	28目	増減なし
5	28目	増減なし ※奥の半目を拾ってすじ編み
4	28目	
3	21目	+7目
2	14目	
1	7目	

仕上りサイズ: 3.5cm / 6.5cm=11段 / 2cm=3段

目数表 24(小)

段数	目数	増減
10	48目	増減なし
9	48目	+8目
8	40目	+8目
7	32目	+8目 ※手前の半目を拾ってすじ編み
6	24目	増減なし
5	24目	増減なし
4	24目	増減なし ※奥の半目を拾ってすじ編み
3	24目	+8目
2	16目	
1	8目	

仕上りサイズ: 2.7cm / 6cm=10段 / 2cm=3段

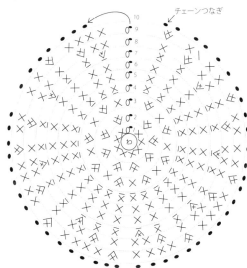
〈リボンの付け方〉

①23は14cm、24は12cmに切ったリボンの裏にボンドを付け、クラウンの周囲に巻く。
6mm / 14cm(24は12cm)

②飾りリボンを作る。5cmに切ったリボンの端を0.5cm重ねて輪にし、ボンドでとめる。
5cm / 0.5mm

③2.5cmに切ったリボンを②のつなぎ目部分に縦に巻き、ボンドでとめる。飾りリボンの裏側にボンドを付けて①に貼り付ける。
2.5cm

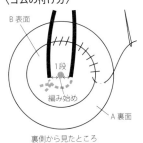
〈ゴムの付け方〉
B 表面 / 1段 / 編み始め / A 裏面 / 裏側から見たところ

no. 25 小鳥のヘアピン ▶P.28

[糸] ハマナカ エコアンダリヤ ベージュ(23)12g
[針] かぎ針5/0号、とじ針、縫い針
[その他] フェルト(15cm×15cm)1枚、スリーピン(6.5cm)1本、パールビーズ(5mm)1個、縫い糸(白)少々、手芸用接着剤、鉛筆
[仕上リサイズ] 図参照

[作り方]
①本体を編む。わの作り目に立ち上がりのくさり3目と長編み15目を編み入れる。2〜16段目は往復編みで編み図のとおりに編む。
②縁を編み図のとおりに編む。
③羽根を編み図のとおりに編む。
④②③を組み立てる(組み立て図参照)。

[本体編み図]

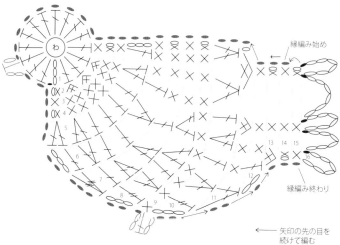

〈組み立て図〉
①本体にパールビーズと羽を縫い付ける。

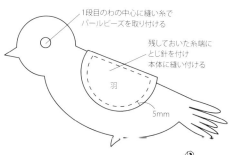

②フェルトに本体を置き、鉛筆で周りをなぞる。

なぞった鉛筆の線の内側をカットする(本体よりひと回り小さくする)。

カットしたフェルトを裏にし、スリーピンを合わせ、切れ込みを入れて内側のピンを挿す。

③②を手芸用接着剤で本体裏に貼り合わせる。

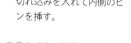

[羽編み図]

仕上リサイズ

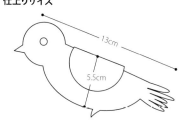

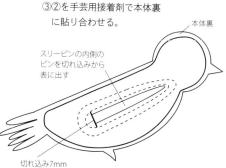

no. 26 模様編みカンカン帽 ▶P.30

[糸] ハマナカ エコアンダリヤ ベージュ(23) 90g
[針] かぎ針7/0号、とじ針
[その他] 段目リング
[ゲージ] こま編み17目19段=10cm
　　　　模様編み5目×1段=2.9cm×1.2cm
[仕上りサイズ] 図参照

[作り方]
① トップを編む。わの作り目にこま編み5目を編み入れる。2段目からは立ち上がりをつけず、増し目をしながら18段目まで編む。
② トップ部分にスチームアイロンをかける。
③ サイドを編む。19〜29段目まで模様編みとこま編みで編み図のとおりに編む。
④ ブリムを編む。増し目をしながら30〜36段目までこま編みで編む。
⑤ スチームアイロンで形を整える(角の立たせ方参照)。

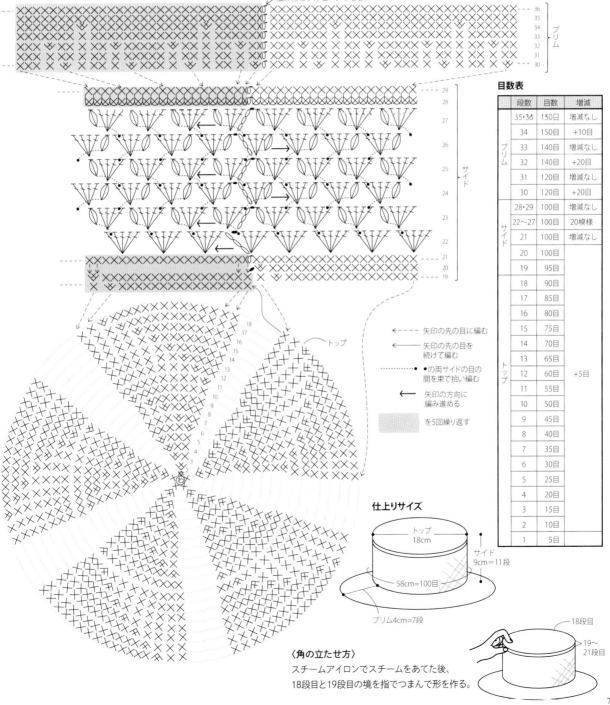

目数表

	段数	目数	増減
ブリム	35・36	150目	増減なし
	34	150目	+10目
	33	140目	増減なし
	32	140目	+20目
	31	120目	増減なし
	30	120目	+20目
サイド	28・29	100目	増減なし
	22〜27	100目	20模様
	21	100目	増減なし
	20	100目	
	19	95目	
トップ	18	90目	+5目
	17	85目	
	16	80目	
	15	75目	
	14	70目	
	13	65目	
	12	60目	
	11	55目	
	10	50目	
	9	45目	
	8	40目	
	7	35目	
	6	30目	
	5	25目	
	4	20目	
	3	15目	
	2	10目	
	1	5目	

〈角の立たせ方〉
スチームアイロンでスチームをあてた後、18段目と19段目の境を指でつまんで形を作る。

no. 27 モダンキャスケット ▶P.32

[糸] ハマナカ エコアンダリヤ ベージュ(23)75g
[針] かぎ針6/0号、とじ針
[その他] 段目リング
[ゲージ] こま編み18目20段=10cm
[仕上りサイズ] 図参照

[作り方]
①トップを編む。くさり編み2目の作り目にこま編み6目を編み入れる。2段目からは立ち上がりをつけず、増し目をしながら19段目まで編む。
②サイドを編む。20～37段目まで減らし目をしながら編む。
③ツバを編む。サイド37段目の47目めに糸を付け、往復編みで編み図のとおりに編む。
④スチームアイロンで形を整える。

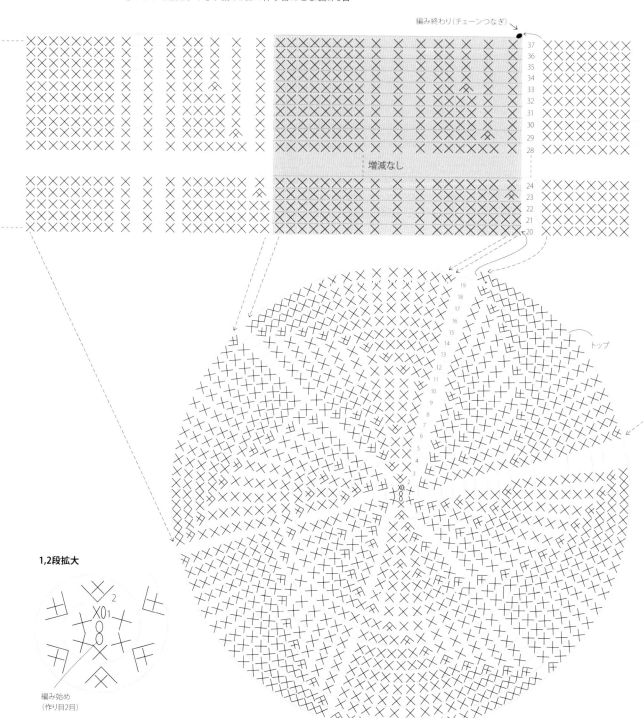

目数表

段数		目数	増減
サイド	34〜37	96目	増減なし
サイド	33	96目	−6目
サイド	30〜32	102目	増減なし
サイド	29	102目	−6目
サイド	24〜28	108目	増減なし
サイド	23	108目	−6目
サイド	20〜22	114目	増減なし
サイド	19	114目	
サイド	18	108目	
サイド	17	102目	
サイド	16	96目	
サイド	15	90目	
サイド	14	84目	
トップ	13	78目	+6目
トップ	12	72目	
トップ	11	66目	
トップ	10	60目	
トップ	9	54目	
トップ	8	48目	
トップ	7	42目	
トップ	6	36目	
トップ	5	30目	
トップ	4	24目	
トップ	3	18目	
トップ	2	12目	
トップ	1	6目	作り目から拾う

段数	目数	増減
13	55目	+6目
12	49目	+7目
11	42目	+2目
10	40目	+6目
9	34目	+2目
8	32目	+5目
7	27目	+5目
6	22目	+2目
5	20目	+2目
4	18目	+6目
3	12目	+2目
2	10目	+6目
1	4目	

（ツバ）

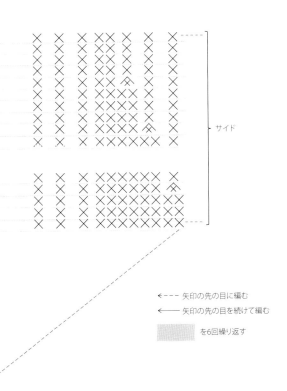

- ←--- 矢印の先の目に編む
- ←── 矢印の先の目を続けて編む
- ▨ を6回繰り返す

仕上りサイズ

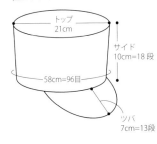

トップ 21cm
サイド 10cm=18段
58cm=96目
ツバ 7cm=13段

[ツバ編み図]

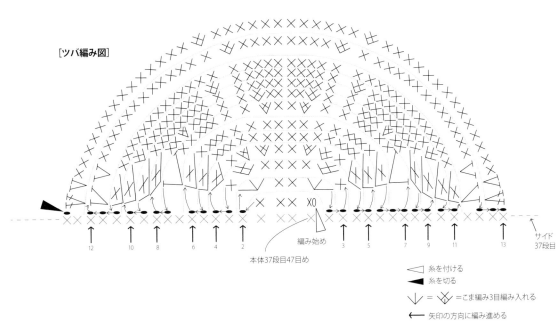

本体37段目47目め
編み始め
サイド37段目

- ▽ 糸を付ける
- ▼ 糸を切る
- ↓ = ✕✕✕ =こま編み3目編み入れる
- ← 矢印の方向に編み進める

no. 28 ボーラーハット ▶P.34

[糸] ハマナカ エコアンダリヤ ベージュ(23)75g
[針] かぎ針6/0号、縫い針、とじ針
[その他] グログランリボン(幅1cm・紺)72cm×1本、
3cm×1本、縫い糸(紺)少々、段目リング
[ゲージ] こま編み17目21段=10cm
[仕上りサイズ] 図参照

[作り方]
①クラウンを編む。わの作り目にこま編み7目を編み入れる。2段目からは立ち上がりをつけず、37段目までこま編みで増し目をしながら編む。
②ブリムを編む。38~42段目まで増し目をしながら編む。43段目は帽子を裏に返し、裏を見ながら前段のこま編みを編みくるみながらこま編みを編む。
③リボンを帽子に縫い付ける(リボン飾りの作り方参照)。
④スチームアイロンで形を整える。

目数表

段数	目数	増減
41~43	128目	増減なし
40	128目	+8目
39	120目	増減なし
38	120目	+20目
24~37	100目	増減なし
23	100目	+2目
21・22	98目	増減なし
20	98目	+7目
18・19	91目	増減なし
17	91目	+7目
16	84目	
14・15	77目	増減なし
13	77目	+7目
12	70目	
11	63目	増減なし
10	63目	+7目
9	56目	
8	49目	
7	42目	
6	35目	増減なし
5	35目	+7目
4	28目	
3	21目	
2	14目	
1	7目	

〈リボン飾りの作り方〉

① 72cmのリボンの端を図のように三つ折りにして、縫い付ける。
② 残りのリボンを本体に巻き、長さを調節し、①の後ろで縫いとめる。

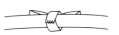

③ 3cmのリボンを①の三つ折り部分に巻き付けて、裏側を縫い付ける。

④ リボン飾りを本体にかぶせる。リボン下部10箇所程度を本体にかがって縫い付ける。

仕上りサイズ
ブリム 3cm=6段
クラウン 18cm=37段
58.5cm=100目

no. 29 カンカン帽 ▶P.36

[糸] ハマナカ エコアンダリヤ ベージュ(23)85g
[針] かぎ針5/0号、縫い針、とじ針
[その他] リボン(幅3cm・黒)62cm×1本、22cm×1本、6cm×1本、縫い糸(黒)少々
[ゲージ] こま編み19目20段=10cm
[仕上りサイズ] 図参照

[作り方]
① トップを編む。わの作り目にこま編み7目を編み入れ、増し目をしながら17段目まで編む。
② サイドを編む。18段目はすじ編みで前段の奥の半目を拾って編む。19～33段目は増減なしで編む。
③ ブリムを編む。34段目はすじ編みで前段の手前の半目を拾って編む。35～41段目は増し目をしながら編む。
④ スチームアイロンで形を整える。
⑤ リボンを作り、本体にはめて5箇所程度縫い付ける(P.82 リボンの作り方参照)。

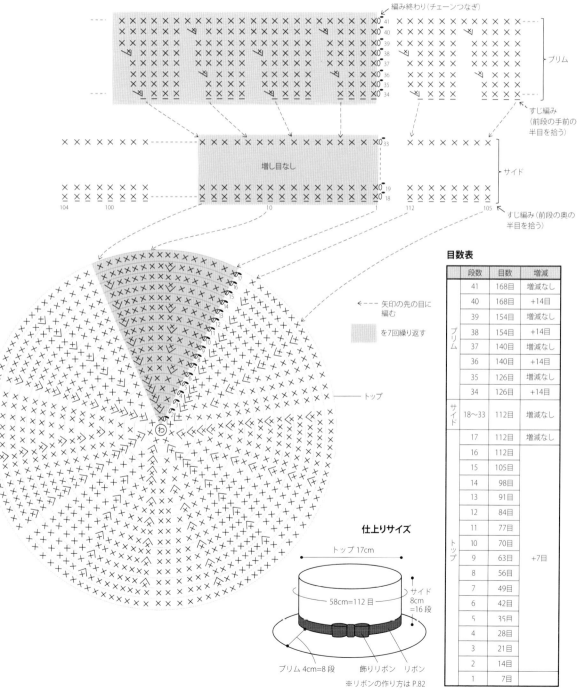

目数表

	段数	目数	増減
ブリム	41	168目	増減なし
	40	168目	+14目
	39	154目	増減なし
	38	154目	+14目
	37	140目	増減なし
	36	140目	+14目
	35	126目	増減なし
	34	126目	+14目
サイド	18～33	112目	増減なし
	17	112目	増減なし
トップ	16	112目	+7目
	15	105目	
	14	98目	
	13	91目	
	12	84目	
	11	77目	
	10	70目	
	9	63目	
	8	56目	
	7	49目	
	6	42目	
	5	35目	
	4	28目	
	3	21目	
	2	14目	
	1	7目	

仕上りサイズ
トップ 17cm
58cm=112目
サイド 8cm=16段
ブリム 4cm=8段
飾りリボン
リボン
※リボンの作り方はP.82

〈リボンの作り方〉

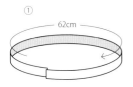
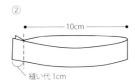
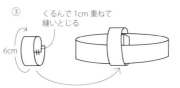
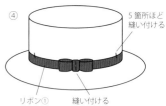

①62cmのリボンを輪にし、帽子のサイズに合わせて縫う。

②飾りリボンを作る。22cmのリボンを半分の長さに折り、縫い代を1cm取って中表で輪にして縫う。

③②を裏返す。6cmのリボンを外表に丸め、1cm重ねて縫う。図のように②を丸めたリボンの輪に通す。

④③の中央を①に縫い付ける。本体にはめて、リボン上部5箇所程度本体に縫い付ける。

no. 30 リボン巻きのとんがり帽子 ▶P.38

[糸] ハマナカ エコアンダリヤ ベージュ(23) 140g
[針] かぎ針6/0号、とじ針
[その他] 段目リング
[ゲージ] こま編み18目19段=10cm
[仕上りサイズ] 図参照

[作り方]
①クラウンを編む。わの作り目にこま編み8目を編み入れる。2段目からは立ち上がりをつけず、増し目をしながら35段目まで編む。
②ブリムを編む。36〜40段目まで増し目をしながら編む。
③スチームアイロンで形を整える。
④リボンを編む。くさり編み28目で作り目をし、55段目まで模様編みで編む。編み地を上下に返し、1'〜2'段目を編む。スチームアイロンで縦半分に折り目をつける。
⑤③のクラウンに④を巻く(リボンの巻き方参照)。

〈リボンの巻き方〉

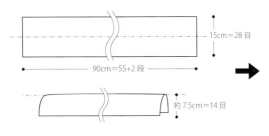
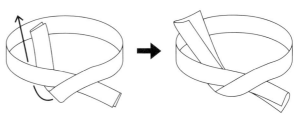

①リボンを縦に二つ折りにし、スチームアイロンをかけてプレスする。

②リボンをクラウンにひと巻きする。

③形を整えたら完成。

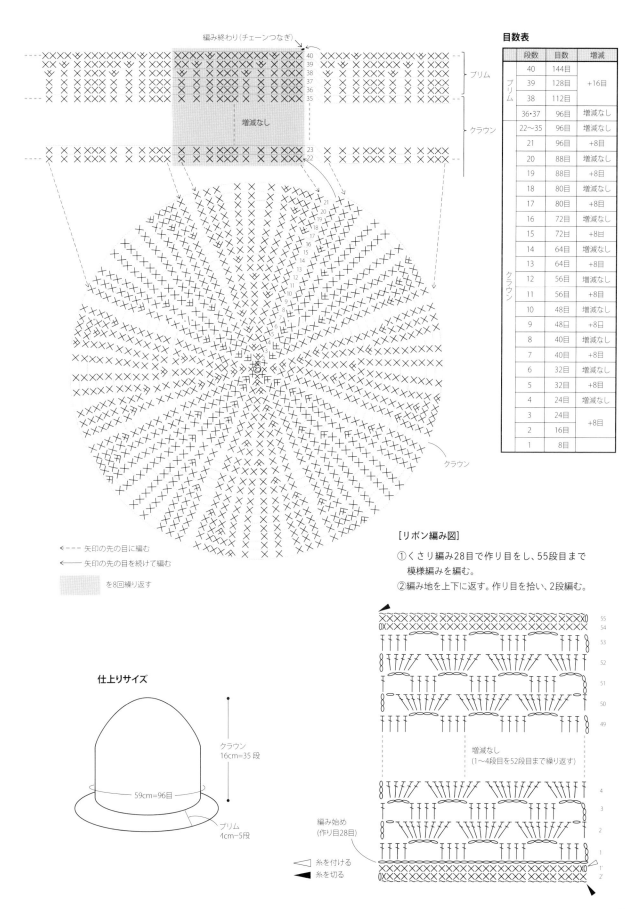

no. 31 サファリハット ▶P.40

[糸] ハマナカ エコアンダリヤ ベージュ(23) 130g
[針] かぎ針6/0号、とじ針
[その他] ワックスコード(直径約2.5mm)1.3m、
バネホック(頭径12mm・アンティークゴールド)
2個、ハトメ(穴径6mm)4個、コードエンド1個、
革(4cm×4cm)1枚、穴あけポンチ
[ゲージ] こま編み16目18.5段=10cm
[仕上りサイズ] 図参照

【作り方】
①トップを編む。わの作り目にこま編み6目を編み入れ、増し目をしながら15段目まで編む。
②サイドを編む。16~36段目まで増し目をしながら編む(下記太枠内参照)。
③ブリムを編む。37~52段目まで増し目をしながら編む。
④指定位置にバネホックとハトメを取り付ける(P.86バネホック・ハトメ取り付け位置参照)。
⑤スチームアイロンで形を整える。
⑥ワックスコードをハトメ穴に通し、コードエンドを取り付け、端を結ぶ(P.86コードの取り付け位置参照)。

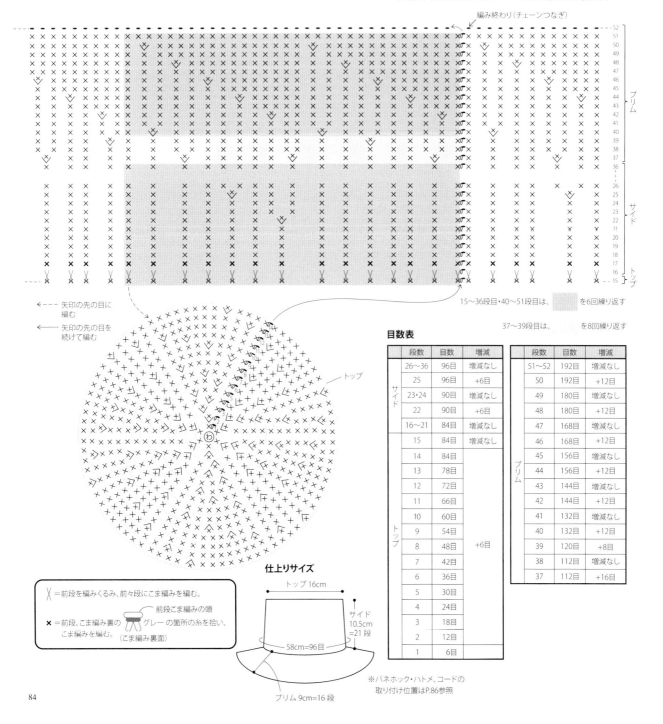

段数	目数	増減
26~36	96目	増減なし
25	96目	+6目
23・24	90目	増減なし
22	90目	+6目
16~21	84目	増減なし
15	84目	増減なし
14	84目	
13	78目	
12	72目	
11	66目	
10	60目	
9	54目	+6目
8	48目	
7	42目	
6	36目	
5	30目	
4	24目	
3	18目	
2	12目	
1	6目	

段数	目数	増減
51~52	192目	増減なし
50	192目	+12目
49	180目	増減なし
48	180目	+12目
47	168目	増減なし
46	168目	+12目
45	156目	増減なし
44	156目	+12目
43	144目	増減なし
42	144目	+12目
41	132目	増減なし
40	132目	+12目
39	120目	+8目
38	112目	増減なし
37	112目	+16目

※バネホック・ハトメ、コードの取り付け位置はP.86参照

no. 32 kids サファリハット ▶P.40

[糸] ハマナカ エコアンダリヤ ベージュ(23) 90g
[針] かぎ針6/0号、とじ針
[その他] ワックスコード(直径約2.5mm)1.2m、
バネホック(頭径12mm・アンティークゴールド)2個、ハトメ(穴径6mm)4個、コードエンド1個、革(4cm×4cm)1枚、穴あけポンチ
[ゲージ] こま編み16目18.5段=10cm
[仕上りサイズ] 図参照

[作り方]
① トップを編む。わの作り目にこま編み6目を編み入れ、増し目をしながら14段目まで編む。
② サイドを編む。15〜31段目まで増し目をしながら編む(下記太枠内参照)。
③ ブリムを編む。32〜42段目まで増し目をしながら編む。
④ 指定の位置にバネホックとハトメを取り付ける(P.86バネホック・ハトメ取り付け位置参照)。
⑤ スチームアイロンで形を整える。
⑥ ワックスコードをハトメ穴に通し、コードエンドを取り付け、端を結ぶ(P.86コードの取り付け位置参照)。

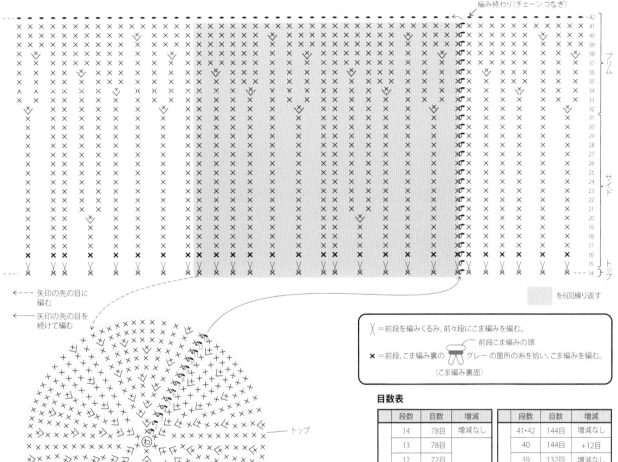

目数表

段数	目数	増減
14	78目	増減なし
13	78目	
12	72目	
11	66目	
10	60目	
9	54目	+6目
8	48目	
7	42目	
6	36目	
5	30目	
4	24目	
3	18目	
2	12目	
1	6目	

段数	目数	増減
41・42	144目	増減なし
40	144目	+12目
39	132目	増減なし
38	132目	+12目
37	120目	増減なし
36	120目	+12目
35	108目	増減なし
34	108目	+12目
33	96目	増減なし
32	96目	+12目
21〜31	84目	増減なし
20	84目	+6目
15〜19	78目	増減なし

※バネホック・ハトメ、コードの取り付け位置はP.86参照

〈バネホック・ハトメ取り付け位置〉※P.84-85からの続き

右図を参考に、本体の左右同様に取り付ける。

①31は、35段目の立ち上がりから20・21目めの間にハトメを差し込む。32は、30段目の立ち上がりから18・19目めの間にハトメを差し込む。
②31は、35段目の立ち上がりから28・29目めの間にハトメを差し込む。32は、30段目の立ち上がりから24・25目めの間にハトメを差し込む。
③穴あけポンチで直径1.5cmの丸い皮を4枚作り、中央にバネホック用の穴を穴あけポンチであける。バネホック凸・凹を取り付ける際、編み地の裏側に1枚はさみこむ。
④31は、28段目の立ち上がりから24・25目めの間にバネホック凸を差し込む。(革使用)
　32は、26段目の立ち上がりから21・22目めの間にバネホック凸を差し込む。(革使用)
⑤31は、49段目の立ち上がりから45・46目めの間にバネホック凹を差し込む。(革使用)
　32は、40段目の立ち上がりから36・37目めの間にバネホック凹を差し込む。(革使用)

※取り付け位置の立ち上がりからの目数は目安です。立ち上がりを後ろにして、バネホックとハトメが真横にくるように、バランスよく取り付けてください。
※バネホック、ハトメを差し込むときに、編み地を傷つけないように注意してください。

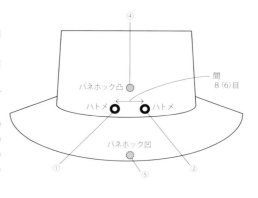

〈コードの取り付け位置〉※帽子をかぶった際、コードは後ろになります。

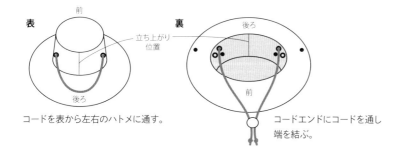

no. 33 kids まんまるキャップ ▶ P.42

[糸] ハマナカ エコアンダリヤ ベージュ(23)70g
[針] かぎ針5/0号、とじ針
[ゲージ] こま編み18.5目21.5段=10cm
[仕上りサイズ] 図参照

[作り方]
①クラウンを編む。わの作り目にこま編み8目を編み入れる。2段目からは、増し目をしながら33段目まで編む。34段目は引き抜き編みと引き抜き編みのすじ編みで編む。
②ツバを編む。クラウンの34段目で引き抜き編みのすじ編みで残った手前の半目に、編み図のとおりに編み付ける。最後にツバ縁編みの引き抜き編みを編む。
③飾り玉を編み、クラウンのトップに縫い付ける。
④スチームアイロンで形を整える。

[飾り玉編み図]

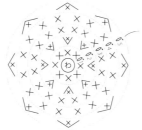

糸は20cmほど残して切る。
飾り玉の中に同糸をしっかりと詰め、残した糸にとじ針を通し、最終段の奥の半目を拾って絞る。

仕上りサイズ

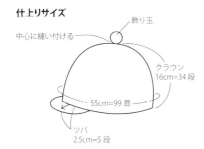

〈ツバの位置〉

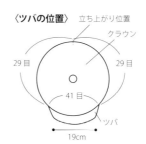

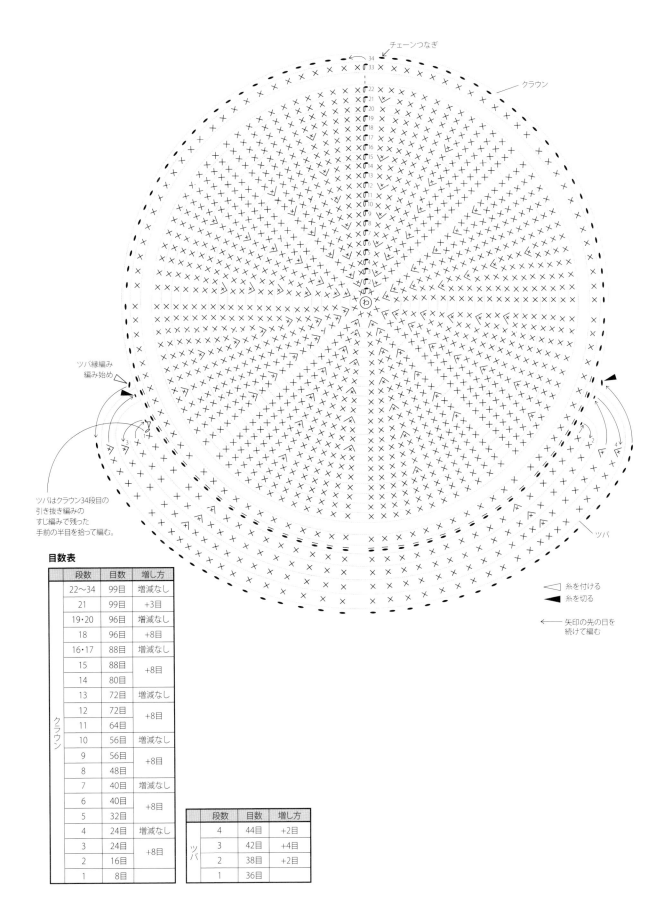

no. 34.35 マリンキャップ ▶P.44

34
- [糸] ハマナカ エコアンダリヤ ベージュ(23)70g
- [針] かぎ針6/0号、とじ針
- [その他] 足つきボタン(直径1.9cm)1個、縫い糸(ベージュ)少々

35 kids
- [糸] ハマナカ エコアンダリヤ ベージュ(23)55g
- [針] かぎ針6/0号、とじ針
- [その他] 足つきボタン(直径1.7cm)1個、縫い糸(ベージュ)少々
- [ゲージ] こま編み17目20段=10cm
- [仕上りサイズ] 図参照

[作り方]
① クラウンを編む。わの作り目にこま編み7目を編み入れる。2段目からは増減をしながら34は35段目、35は32段目まで編む。
② ツバを編む。編み図のとおりに糸を付け、増減をしながら往復編みで編む。
③ 縁編みを編む。
④ スレッドコードを34は54cm、35は47cm編む(スレッドコードの編み方参照)。ボタンといっしょにツバの根元に縫い付ける。反対側は別糸で縫い付ける(スレッドコードの巻き方参照)。
⑤ スチームアイロンで形を整える。

〈スレッドコードの編み方〉

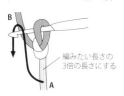
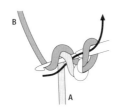

① 必要な長さの3倍の糸端(34=162cm以上、35=141cm以上)を残し、くさり編みの端の目を作る。かぎ針の手前から向こう側にAをかける。

② かぎ針にBをかけ、矢印の方向に引き抜く。

③ ①、②を繰り返す。

〈スレッドコードの巻き方〉

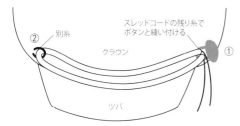

① スレッドコードを二つ折りにし、ボタン側に糸端を配置し、スレッドコードとボタンを本体にとじ針で縫い付ける。
② 反対側は別糸でツバ脇にとじ針で縫い付ける。

34
目数表

	段数	目数	増減
ツバ	4	44目	-2目
	3	46目	端で-2目 +4目
	2	44目	端で-2目 +4目
	1	42目	
クラウン	35	98目	-7目
	33・34	105目	増減なし
	32	105目	-7目
	30・31	112目	増減なし
	29	112目	-7目
	24~28	119目	増減なし
	23	119目	+7目
	22	112目	
	21	105目	増減なし
	20	105目	+7目
	19	98目	
	18	91目	増減なし
	17	91目	+7目
	16	84目	
	15	77目	増減なし
	14	77目	+7目
	13	70目	
	12	63目	増減なし
	11	63目	+7目
	10	56目	
	9	49目	増減なし
	8	49目	+7目
	7	42目	
	6	35目	増減なし
	5	35目	+7目
	4	28目	
	3	21目	
	2	14目	
	1	7目	

35
目数表

	段数	目数	増減
ツバ	4	36目	-2目
	3	38目	端で-2目 +2目
	2	38目	端で-2目 +3目
	1	37目	
クラウン	32	89目	-2目
	31	91目	増減なし
	30	91目	-7目
	28・29	98目	増減なし
	27	98目	-7目
	23~26	105目	増減なし
	22	105目	+7目
	20・21	98目	増減なし
	19	98目	+7目
	18	91目	増減なし
	17	91目	+7目
	16	84目	
	15	77目	増減なし
	14	77目	+7目
	13	70目	
	12	63目	増減なし
	11	63目	+7目
	10	56目	
	9	49目	増減なし
	8	49目	+7目
	7	42目	
	6	35目	増減なし
	5	35目	+7目
	4	28目	
	3	21目	
	2	14目	
	1	7目	

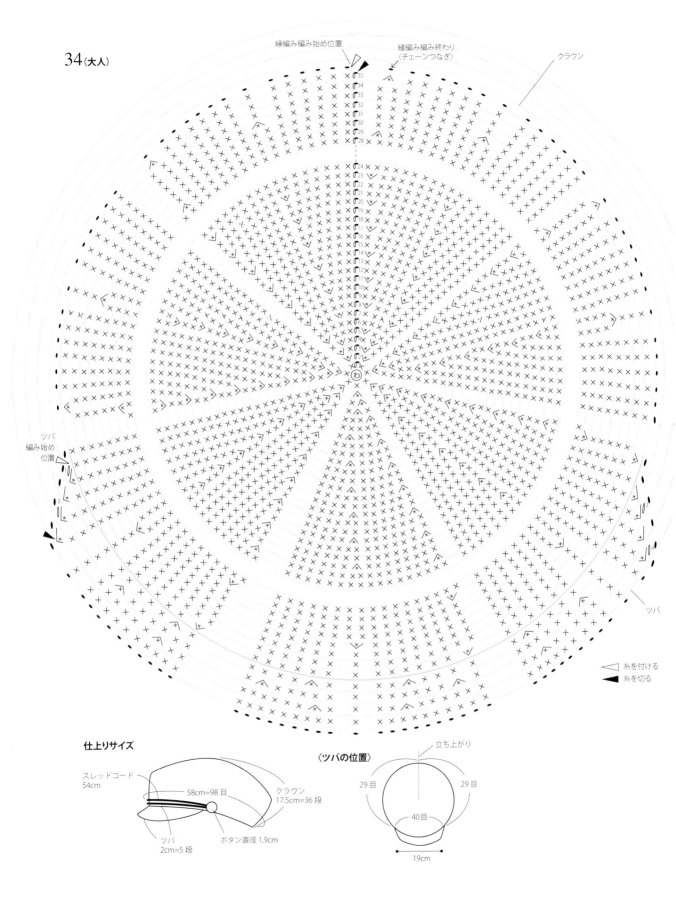

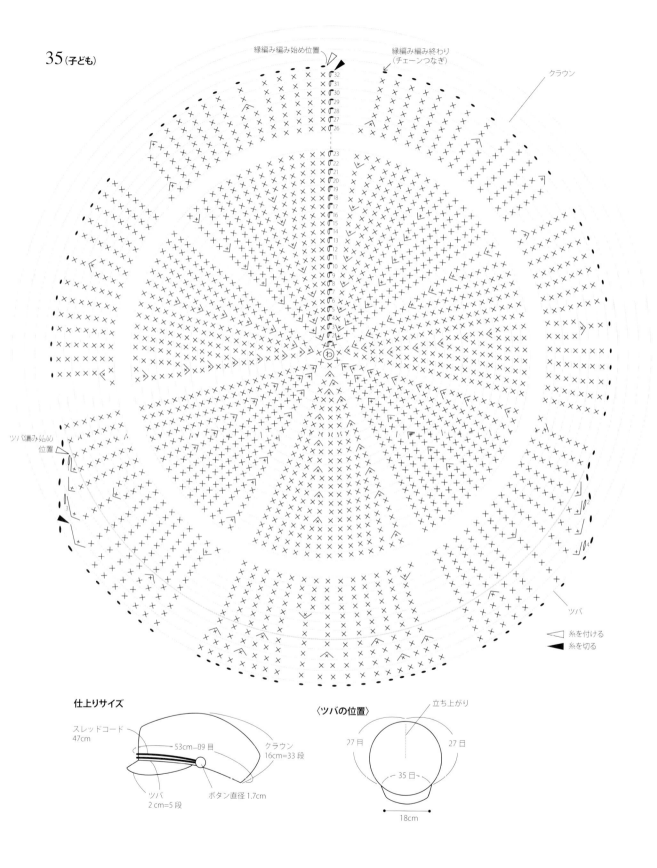

no. 36 kids チューリップハット ▶P.46

[糸] ハマナカ エコアンダリヤ ベージュ(23) 80g
[針] かぎ針6/0号、とじ針
[ゲージ] こま編み16目18.5段=10cm
[仕上りサイズ] 図参照

[作り方]
①クラウンを編む。わの作り目にこま編み6目を編み入れる。34段目まで増し目をしながら編む（下記太枠内参照）。
②ブリムを編む。35～41段目は増し目をしながら編む。42～44段目は編み図のとおりに編む。
③スチームアイロンで形を整える。

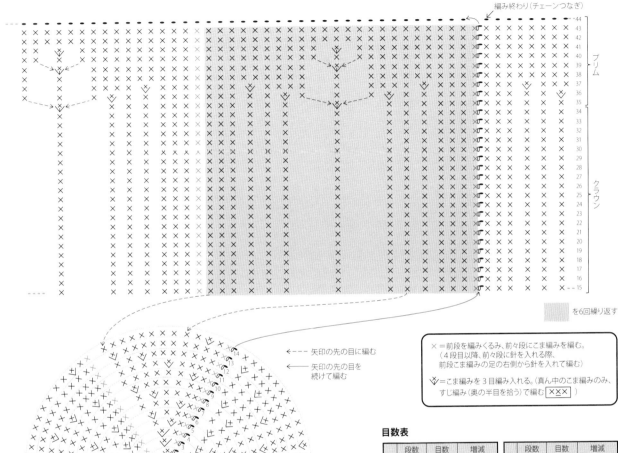

×=前段を編みくるみ、前々段にこま編みを編む。
（4段目以降、前々段に針を入れる際、前段こま編みの足の右側から針を入れて編む）
⋎=こま編みを3目編み入れる。真ん中のこま編みのみ、すじ編み（奥の半目を拾う）で編む ×××

目数表

	段数	目数	増減
クラウン	15～34	84目	増減なし
	14	84目	+6目
	13	78目	
	12	72目	
	11	66目	
	10	60目	
	9	54目	
	8	48目	
	7	42目	
	6	36目	
	5	30目	
	4	24目	
	3	18目	
	2	12目	
	1	6目	

	段数	目数	増減
ブリム	42～44	144目	増減なし
	41	144目	+12目
	40	132目	増減なし
	39	132目	+12目
	38	120目	増減なし
	37	120目	+12目
	36	108目	+12目
	35	96目	

仕上りサイズ

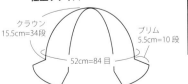

クラウン 15.5cm=34段
ブリム 5.5cm=10段
52cm=84目

no. 37 kids とんがり帽 ▶ P.47

[糸] ハマナカ エコアンダリヤ ベージュ(23)75g
[針] かぎ針5/0号、とじ針
[その他] 段目リング
[ゲージ] こま編み20目20段＝10cm
[仕上りサイズ] 図参照

[作り方]
① クラウンを編む。わの作り目にこま編み7目を編み入れる。2段目からは立ち上がりをつけず、35段目まで増し目をしながら編む。
② ブリムを編む。36〜47段目まで増し目をしながら編む。
③ リボンを編む。くさり編みを175目(105cm)編む。
④ スチームアイロンで形を整える。③を巻き蝶結びをして、本体に5箇所程度縫い付ける。

目数表

	段数	目数	増減
ブリム	47	154目	増減なし
	46	154目	+14目
	45	140目	増減なし
	44	140目	+14目
	43	126目	増減なし
	42	126目	+14目
	41	112目	増減なし
	40	112目	+7目
	36〜39	105目	増減なし
クラウン	35	105目	+7目
	31〜34	98目	増減なし
	30	98目	+7目
	27〜29	91目	増減なし
	26	91目	+7目
	24・25	84目	増減なし
	23	84目	+/目
	21・22	77目	増減なし
	20	77目	+7目
	19	70目	増減なし
	18	70目	+7目
	17	63目	増減なし
	16	63目	+7目
	15	56目	増減なし
	14	56目	+7目
	13	49目	増減なし
	12	49目	+7目
	11	42目	増減なし
	10	42目	+7目
	9	35目	増減なし
	8	35目	+7目
	7	28目	増減なし
	6	28目	+7目
	5	21目	増減なし
	4	21目	+7目
	3	14目	増減なし
	2	14目	+7目
	1	7目	

を7回繰り返す

編み終わり
(チェーンつなぎ)

ブリム
クラウン

仕上りサイズ

クラウン 17.5cm=35段
52.5cm =105目
ブリム 6cm=12段
リボン(105cm=175目)

編み目記号表

引き抜き編み 前段の目にかぎ針を入れ、糸をかけ引き抜く。

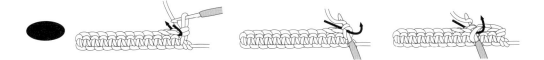

くさり編み かぎ針に糸を巻き付け、糸をかけ引き抜く。

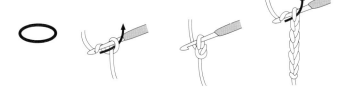

こま編み 立ち上がりのくさり1目は目数に入れず、上半目に針を入れ
糸を引き出し、糸をかけ2ループを引き抜く。

すじ編み 前段の奥の半目に針を入れ、こま編みを編む。

立ち上がり1目　　上半目に針を入れる。

※本書では、前段の手前の半目に針を入れてこま編みを編む場合も、同じ記号を使用しています。

バックこま編み 編み地の向きはそのままで、左から右へこま編みを編み進める。

     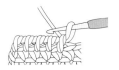

こま編み2目編み入れる
同じ目にこま編み2目を編み入れる。

こま編み3目編み入れる
同じ目にこま編み3目を編み入れる。

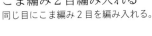

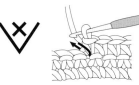  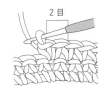

2目　　1目増

こま編み2目一度 1目めに針を入れ糸をかけて引き出し、次の目も糸を引き出し、糸をかけ3ループを一度に引き抜く。

   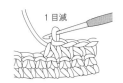

1目減

中長編み　かぎ針に糸をかけ作り目に針を入れ、糸をかけて引き出し、さらに糸をかけ3ループを一度に引き抜く。

長編み　かぎ針に糸をかけ作り目に針を入れ、糸をかけて引き出し、さらに糸をかけ2ループ引き抜くを2回繰り返す。

長々編み　かぎ針に2回糸をかけ前段の目に針を入れ、糸をかけて引き出し、さらに糸をかけ2ループ引き抜くを3回繰り返す。

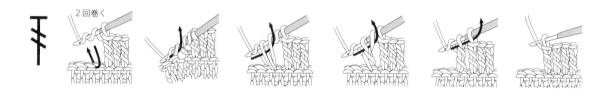

中長編み2目編み入れる　同じ目に中長編み2目を編み入れる。

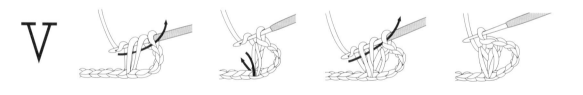

長編み3目編み入れる
同じ目に長編み3目を編み入れる。

長編み2目編み入れる
同じ目に長編み2目を編み入れる。

長編み2目一度　矢印の位置に未完成の長編みを2目編み、糸をかけ一度に引き抜く。

こま編みの裏引き上げ編み　前段の目の裏側から針を入れ、こま編みを編む。

  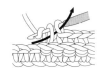

中長編み3目の玉編み　同じ目に未完成の中長編み3目を編み入れ糸をかけ、一度に引き抜く。

くさり1目

中長編み3目の変わり玉編み　中長編み3目の玉編み同様、未完成の中長編みを同じ目に3目編み入れる。糸をかけ矢印のように引き抜き、さらに糸をかけ残りを引き抜く。

リングこま編み　左手の中指で糸を下げたままこま編みを編むと、裏面にリングができる。

    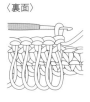

〈裏面〉

チェーンつなぎ　編み終わりの目の糸を引き出し、とじ針で編み始めの目に通す。編み終わりの目へ戻し裏側で糸の始末をする。

編集	武智美恵
撮影	サカモトタカシ
デザイン	伊藤智代美
進行	古池日香留
制作協力	佐倉ひかる 小鳥山いん子
校正	Rikoリボン
ヘアメイク	福留絵里
モデル	鈴木亜希子、鈴木 咲
作品製作	小鳥山いん子 高際有希 blanco Miya Rikoリボン
素材提供	ハマナカ株式会社 http://www.hamanaka.co.jp tel. 075-463-5151(代)

23番糸で編むナチュラルカラーの37作品
エコアンダリヤの帽子

NDC 594

2019年5月20日　発　行

編　者	誠文堂新光社
発行者	小川雄一
発行所	株式会社 誠文堂新光社 〒113-0033　東京都文京区本郷 3-3-11 (編集) 電話 03-5805-7285 (販売) 電話 03-5800-5780 http://www.seibundo-shinkosha.net/
印刷・製本	大日本印刷 株式会社

©2019,Seibundo Shinkosha Publishing Co.,Ltd.
Printed in Japan　検印省略
禁・無断転載

落丁・乱丁本はお取り替え致します。
本書に掲載された記事の著作権は著者に帰属します。
これらを無断で使用し、展示・販売・レンタル・ワークショップ、および商品化等を行うことを禁じます。

本書のコピー、スキャン、デジタル化等の無断複製は、著作権法上での例外を除き、禁じられています。本書を代行業者等の第三者に依頼してスキャンやデジタル化することは、たとえ個人や家庭内での利用であっても著作権法上認められません。

JCOPY <(一社)出版者著作権管理機構 委託出版物>
本書を無断で複製複写(コピー)することは、著作権法上での例外を除き、禁じられています。本書をコピーされる場合は、そのつど事前に、(一社)出版者著作権管理機構(電話 03-5244-5088／FAX 03-5244-5089／e-mail:info@jcopy.or.jp)の許諾を得てください。

ISBN978-4-416-61931-5